菅谷明子著

メディア・リテラシー

―世界の現場から―

岩波新書

680

はじめに

ニュースは「現実」を伝えるもの……。長い間、私はそう信じてきた。テレビニュースに映し出される出来事や、新聞・雑誌に書かれてあることが、そのまま世の中の動きを映し出したものだと思ってきた。自分の身の回りで起こっていることよりも、メディアを通じて知らされることの方が、世の中の典型的な例であり、それを知れば、社会のことがよりよくわかると思っていた。

ところが、自分で記事を書くようになると、それはとんでもない間違いだということに気がついた。こんなことを言うと無責任だと思われるのかも知れないが、取材先をどこにするか、コメントのどの部分をどう使うかを変えるだけでも、「現実」を変えることは簡単にできる。パラグラフの順番を変えるだけでも、記事のトーンが激変することも少なくない。締切りやスペースの制約から、取材しても書けないことの方がはるかに多い。もしも記事の余白に、「これはあくまでも、限られた時間とスペースのなかで書いたものであって、ここで取り上げているのは、世の中に無数にある見方のほんの一つでしかありません」などと書くことができたら、どんなに気が楽になるだろうか……。読者の皆様から、「菅谷さんの記事を読んで、〇〇のことがとてもよくわかりました」などという電子メールをいただいたりすると、正直言って嬉しいよりもむしろドキリとしてしまうのだ。

私が、ニュースは「現実」そのものを伝えているものではない、と考えるようになったのは、今から一〇年ほど前、アメリカのニュース雑誌「ニューズウィーク」の日本版編集部に勤務していた頃だ。当時私は、日課のひとつとして、内外多数の新聞・雑誌を読み比べていたが、同じ出来事を「現実」に起こったこととして伝えても、媒体によって報道の内容や論調がまるで違うことを実感した。日米関係の報道ひとつとってみても、日本とアメリカでは全く異なる「現実」が提示されていることも珍しくない。「日本の新聞は横並び」と言われるが、程度の差こそあれ、細かく見ていけば各紙それぞれに随分と異なった見方がされている。こうした日々の作業を通して「ニュースが伝える「現実」とは何だろう」という疑問が日ごとに大きくなっていった。

また、「ニューズウイーク日本版」は、「日本のメディアとは見方が違う第三の視点」を売り物にしていたため、スタッフは日本で起きた出来事もアメリカ的視点、あるいは外から見た発想でとらえることが要求されていた。こうした職場に身を置くうちに、視点を変えれば「現実」も異なって見えることや、複眼でものをとらえる習慣を自然と身につけていったように思う。

その後、留学した大学院で「ニュースとは何か」というかねてからの疑問にピタリとくる答えにめぐりあった。最初の学期に受講した「グローバルニュースの認知と政治」という授業では、異なる媒体が同じ出来事をどのように報道するのかを分析する課題が与えられるなど、まさに私がそれまで考えてきたニュースの性質を、体系的に学ぶ格好の場となった。大学図書館には、世界各国の新聞・雑誌記事やテレビ・ラジオ番組がテクスト化された巨大データベースがあったため、世界のニュースを比較する作業はそう難しくはなかった。クリントン政権の中国に対する「最恵国待遇の更新」をテーマに、アメリカ、中国、香港、イギリス、日本の報道を比較したことがある。同じ米国内の新聞でも中国との貿易を望むボーイング社の本拠地シアトルの新聞と中国の人権侵害に眉をひそめるリベラルな新聞、この問題に全くしがらみのない地方新聞とでは、そこで報道されている「現実」が全く異なっていた。また、ビジネスの中心香港と、当事国ではない東京やロンドン発のニュースも、それぞれ異なる視点から報道されていた。こうした分析作業を積み上げることで、ニュースというものは、その媒体がもつ特性、メディア企業のイデオロギー(リベラル・保守など)、地域性、読者層、商業的な判断、記者の興味、国情など、様々な要素によって形作られているもので、決してひとつの「真実」が存在するわけではないことがわかるようになった。

大学院では、分析だけではなく、「作り手」の立場も味わった。ABCテレビの現役プロデューサーが担当したニュース番組のシミュレーションの授業では、ニュース番組の「にわかプロデューサー」として、予算、視聴者層、スポンサーなどを考慮しながら、その日の出来事から何を選び、どんな切り口で取材し、どんな順番で放送するのかを考えた。主婦や高齢者・子どもの視聴者が多くを占める夕方の番組は、夜の番組とは違ったメニューを選ばなければならないが、ここでも視聴者層がニュースの選択基準にいかに影響するのかなど、ニュースが作られるプロセスを知ることができた。他にも、大統領選挙のキャンペーン戦略の立案、外交政策とメディア、国際広報、インターネットのコミュニケーションについてなど、様々な授業を通して、メディアのメカニズムやメディアに媒介された「真実」などを学ぶことで、それまで漠然と考えていたことが、パズルをはめ込んでいくように明確になっていった。

こうして「ニュース」についてわかりかけてきたある日、フランスでは学校教育でメディアについて教えられていることを偶然知った。その頃、私はそれまでの経験や研究をもとに、ニュースの性質について一般の人にわかりやすく伝える方法はないかと模索していただけに、そのフランス人の友達が言うメディアの学習にこころ惹かれた。そして、それがまさにメディア・リテラシーだったのである。私が長年考えてきた「真実とは何か」という疑問は、メディア・リテラシーの理論の原点でもあったのだ。

メディア・リテラシーとは、ひと言で言えば、メディアが形作る「現実」を批判的(クリティカル)に読み取るとともに、メディアを使って表現していく能力のことである。最近は、コンピュータを使いこなす意味での「コンピュータ・リテラシー」や「情報リテラシー」と混同される場合もあるが、ここで言うメディア・リテラシーとは機器の操作能力に限らず、メディアの特性や社会的な意味を理解し、メディアが送り出す情報を「構成されたもの」として建設的に「批判」するとともに、自らの考えなどをメディアを使って表現し、社会に向けて効果的にコミュニケーションをはかることでメディア社会と積極的に付き合うための総合的な能力を指す。

一九九五年のNHK国民生活調査によれば、日本人が一日にテレビを見る時間は平均三時間二八分。仮に七五年間このペースで過ごせば、人生のまる一〇年間以上をテレビだけ見て過ごす計算になる。それに加えて、新聞・雑誌、映画、ラジオはもちろん、インターネットのホームページをチェックする時間などを加えれば、私たちは人生の大半をメディアとともに過ごしている、と言っても過言ではない。情報社会への移行が加速するなか、私たちは、時間や空間を軽々と飛び越えて、地球の裏側で起こっていることを見聞したり、数世紀前の歴史上の出来事や人物についてさえ知ることができる。臨場感たっぷりのライブ中継を目にすることは、それがテレビカメラを通したものであることを忘れさせ、あたかも自分がその場に立ち会っているかのような錯覚を覚えさせるほどだ。実際に経験したことよりも、メディアが伝えるリアリティの方が、現実味を帯びていると感じることも少なくない。メディアが媒介する情報は、世の中を理解する上での中心的な役割を果たし、私たちの考え方や価値観の形成、ものごとを選択する上でもますます大きな影響力を発揮するようになっている。

ところが、メディアが送り出す情報は、現実そのものではなく、送り手の観点からとらえられたものの見方のひとつにしかすぎない。事実を切り取るためにはつねに主観が必要であり、また、何かを伝えるということは、裏返せば何かを伝えないということでもある。メディアが伝える情報は、取捨選択の連続によって現実を再構成した恣意的なものであり、特別な意図がなくても、制作者の思惑や価値判断が入り込まざるを得ないのだ。

こうしたメディアが持つ本来の特性に加えて、「メディアの現実」をさらに複雑にしているのは、ニュースは中立公平・客観報道といった建前と現実のギャップである。実際に情報を送り出したことがある人なら、メディアが現実そのものを伝えることは不可能だということを十分承知しているにもかかわらず、「ニュースが中立公平である」という神話は広くは疑われてこず、検討を加えられることもほとんどなかった。メディアが社会において中心的な役割を果たしている今こそ、情報の送り手側はメディアが持つ限界を世にさらし、また、受け取る側もその現実に対峙する必要があるのではないだろうか。

世の中は、メディアを通しては語りきれないほどの矛盾を抱え、限りなく混沌とし、真実はとらえどころがないほど複雑である。「メディアはウソをつく」とひと言で片づけるのはたやすいが、メディア社会に生きる私たちは、メディアがもたらす利点と限界を冷静に把握し、世の中にはメディアが伝える以外のことや、異なるものの見方が存在することを理解し、社会に多様な世界観が反映されるよう、メディアと主体的に関わっていく責任があるのではないだろうか。そうした意味で、「メディアは現実を構成したものである」ことを出発点に、メディアを理解していくメディア・リテラシーは、情報社会に生きる私たちにとっての「基本的な読み書き能力」になるに違いない。

本書は、こうしたバックグラウンドと問題意識を持つ著者が、メディア・リテラシーの発祥の地とも言えるイギリス、教師たちが中心となり活発な展開をみせるカナダ、後発ながらも最近になってダイナミックな取り組みが始まったアメリカの三カ国に焦点を絞り、メディア・リテラシーの基本的な理論や歴史的経緯を押さえつつ、各国の教育現場、メディア業界の取り組み、市民団体の活動などを拾い上げた、いわばメディア・リテラシーの現場レポートである。現場にこだわったのは、メディア・リテラシーがいまだに新しい分野であり、日々変化を遂げているだけに現場での取材なしでは、その全貌を明らかにするのが難しいこともあるが、一次情報に当たることは、物事を理解する上での基本だと思うからだ。

最近は、日本でもメディア・リテラシーに対する関心が高まっており、二〇〇二年からスタートする「総合的な学習」(教科の枠を超え、創意工夫を活かした授業により、自ら学び考える力の育成を目的とする学習)の時間で取り入れようとする動きもある。また、メディア・リテラシーに関心を寄せる教師たちによるネットワーク作りや、「FCT市民のメディア・フォーラム」といった、NPO(非営利民間組織)による活動も益々活発化している。さらに、長野県の松本美須々ケ丘高校は、松本サリン事件をきっかけに、高校生がテレビ報道のあり方を問う番組を制作し、高い評価を受けている。名古屋の東海テレビは、夕方のニュース番組の枠内で、メディア・リテラシーをシリーズで取り上げるという、先進的な試みを行っている。しかし、日本のメディア・リテラシーの動きは、全般的に見れば、まだまだ緒についたばかりである。

本書があえて海外の事例に特化しているのは、数十年にわたって試行錯誤を続けてきた各国の成功や失敗例から、私たちが学ぶところは大きいと考えたためである。

また、ここではメディア・リテラシーを、学校の枠を超えて、私たちとメディアの関係を見つめる上でも有効な考え方だととらえている。序章から第二章までで三カ国での取り組みを報告したのに加えて、第三章でアメリカに広がる草の根のメディア活動を取り上げたのは、そうした事情による。

第四章では、デジタル時代が進む中、インターネットやマルチメディアに対するメディア・

リテラシーの先進的な試みも紹介した。日本では、新しい学習指導要領のもと、小学校から高校までの全ての段階で「情報教育」が実施されるようになるが、こうした授業がコンピュータの操作など技術の習得を重視しているなかで、テクノロジーや情報に対しても、批判的思考を養うことを目的とする各国の取り組みは、「情報教育」のあり方を再考する上でも、参考になるところが多いのではないだろうか。

なお、メディア・リテラシーという言い方は、北米で主に使われているものであり、イギリスではメディア教育と呼ばれている。各国によってその言い方は様々であるが、いずれも「メディアを批判的に理解していく学習」という意味では大きな違いがない。本書では、日本で定着しつつあるメディア・リテラシーという呼び方を表題にも使うことにした。また、随所で「批判的」(クリティカル)というメディア・リテラシーの基本的な考え方が紹介されるが、ここでいう「批判的」とは、日本語で言う「(否定的に)批判する態度・立場にある様子」(岩波国語辞典)といったネガティブな意味合いではなく、「適切な規準や根拠に基づく、論理的で偏りのない思考」(『クリティカルシンキング　入門編』E・B・ゼックミスタ、J・E・ジョンソン著、宮元博章ほか訳、北大路書房)という建設的で前向きな思考を指している。

メディア・テクノロジーの進化による、マルチメディア時代を迎えるなか、メディアは今後も私たちをより賢くし、楽しませてくれるかもしれないが、その一方で、通信と放送などメディア間の融合を睨んで世界規模でメディアの再編成が急ピッチで進み、コングロマリット化も進んでいる。巨大ビジネス化するばかりのメディアが、今後どのような世界観を送り出してくるのかについては、私たちはさらに批判的かつ前向きな視点を持ち続ける必要があるだろう。

また、高性能で安価なビデオカメラの誕生やインターネットの登場で、これまで情報の受け手に甘んじていた人たちが発信者となり、情報の流れを組みかえることを可能にしている。多様なアクターによる情報発信は、混乱をきたすこともあるだろうが、多様性に富んだ活力ある社会の実現には不可欠なものだ。そのためには、受け手としてあらゆるタイプの情報と主体的に付き合うだけでなく、送り手として社会に対して効果的にメッセージを送り出すためのメディア・リテラシーがますます必要になってくる。

グーテンベルクの印刷技術の発明に匹敵すると言われるメディアの変革期を迎え情報はかつてないほどのスピードとスケールで私たちに迫ってくる。新しく登場したテクノロジーを前に、私たちは今、みずからの手でメディア社会を主体的にデザインしていくことができるエキサイティングな時代に立ち会っている。それが、どのようなものになるのかは、筋力を鍛え建設的な思考能力を持つ、メディア・リテラシーを身に付けた人間の存在にかかっているのではないだろうか。

目　次

序　章

世界に広まる
メディア・リテラシー

米メリーランド州モンゴメリ・ブレア高校．メディア・リテラシーの授業の最後の部分で情報番組の生放送を校内に向けて行う．メディアを分析し，実際に作ってみることで理解を深めるためだ．

1　アメリカの教室から

元テレビ局記者が教壇に

「いいですか。今日はこれから、テレビ局の制作担当者とスポンサーに分れて交渉をしてもらいます」

アメリカの首都ワシントンDCから車で三〇分。メリーランド州にあるモンゴメリ・ブレア高校の教室にクリス・ロイド先生のエネルギッシュな声が響いた。

その日のテーマは「視聴率ゲーム」。生徒たちは、テレビ番組が放送されるまでの経済構造をシミュレーションすることによって、「テレビ局が視聴者を広告主に売る」ことで成り立つビジネスであることを学習していく。

テレビ局側に扮した生徒たちは、どんな番組が視聴率を稼ぎ、スポンサーにアピールするのかを考えて番組企画案をまとめる。一方、スポンサー側は番組のタイプに応じてコマーシャルを流す時間枠を買う。スポンサーを、清涼飲料水、車、ファストフード、レコード店の四つのグループに分けた。ロイド先生は、「視聴者のタイプは、曜日や時間帯によってかなり変わってきます。性別、年収、年齢層と商品の関係を考慮するように」と生徒たちにアドバイスした。

スポンサーにとっては視聴者の数も大事だが、いかに商品のターゲットに一致した層であるかも見逃せないポイントだ。清涼飲料水なら一般向けだが、レコード店なら若者にしかアピールしない。テレビ局は時間枠をできるだけ高く売ろうとし、スポンサーはターゲットに合った時間枠を獲得しようとする。こうした点を考慮すると、テレビ局は視聴者のためよりも、むしろスポンサーがコマーシャルを流しやすい番組をつくる必要が出てくるのがわかる。

ロイド先生のリアリティ溢れる授業のアイディアは、テレビ局時代の経験から来る。大学卒業後、記者やディレクターとして働いていたものの、「世の中の複雑さを、たった数分のニュースで伝えることは不可能だ」とジレンマに陥り、テレビ局を去る決意をする。その後、この高校がメディアについて教えるコースを始めることを知り、「天職」だと思って転身を決めた。今から一〇年以上も前のことである。

「アメリカのテレビ番組は、視聴率が全てです。授業で取り上げたことは、実際にネットワークの経営者や広告主が毎日考えていることと同じです。視聴者の情報がいかに広告主に売られているのか、巨額の金がどう動き、広告キャンペーンがどう展開されているのかを、生徒たちに知って欲しかった」

ミュージックビデオを勉強

私がロイド先生のメディア・リテラシーの授業に足を運ぶようになったのは、メディア・リテラシーのコンサルタントをつとめる知人が、「素晴らしい先生がいる」と薦めてくれたのがきっかけだ。これまで何度も取材にお邪魔したが、あまりの面白さに、「高校時代に、こんな授業を受けていたら、私の世の中の見方も随分違ったものになっていたかもしれない」と、生徒たちが羨ましくなった。

トーク番組を分析した授業では、ゲストの選定からインタビュアーの質問までが、番組の「主張」にどれくらい影響しているのかを考えた。インタビュー番組は、ゲストが自分の言いたいことを自由に話しているように見えるが、実際は緻密に練り上げられた質問や構成に沿って進行する。いくらゲストが話したいことがあっても、聞かれなければ答えようがなく、与えられた時間も限られている。その反対に、「大物」が登場する時には、出演を条件に、番組の内容を自分たちの都合のよいようにコントロールするかもしれない。

「ゲストの考えのどんな部分が引き出されるかは、質問のタイプで決まってくる」

録画した番組をリモコンで止めたり戻したりしながら、ロイド先生は質問の背景にある意図を考えてみるように、と生徒たちに促した。

映画の予告編をテーマにした時には、三〇秒足らずの映像にいくつのカットが使われ、どんなシーンがどんな順番で選ばれ、それはなぜなのかを考えた。実際に映画を見るよりも予告編の方がはるかに面白く、それにつられて映画を見に行くことはよくあるが、こうして分析してみると、その理由がよくわかる。

斬新だったのは、ミュージックビデオを使った授業。まず、MTV（音楽専門チャンネル）などで自分の好きなミュージックビデオの監督を選び、カメラアングルをはじめとしたテクニックの特徴を分析する。その後、それを参考に、生徒が実際にミュージックビデオを作ってみる。音楽はプロのものを使うが、それに自分たちが作った映像を重ね合わせる。どんな効果を狙ってそうしたテクニックが使われたのか、身をもって体験するためだ。授業では数名の生徒の作品が紹介されたが、斬新なアイディアとプロ顔負けのテクニックで、クラスメートから「ウァーォ！」と歓声が上がっていた。映像が意味するものを理解し、生徒自らの視点によって新たな表現をすることは、制作側と受け手側の両方を体験する絶好の機会になる。

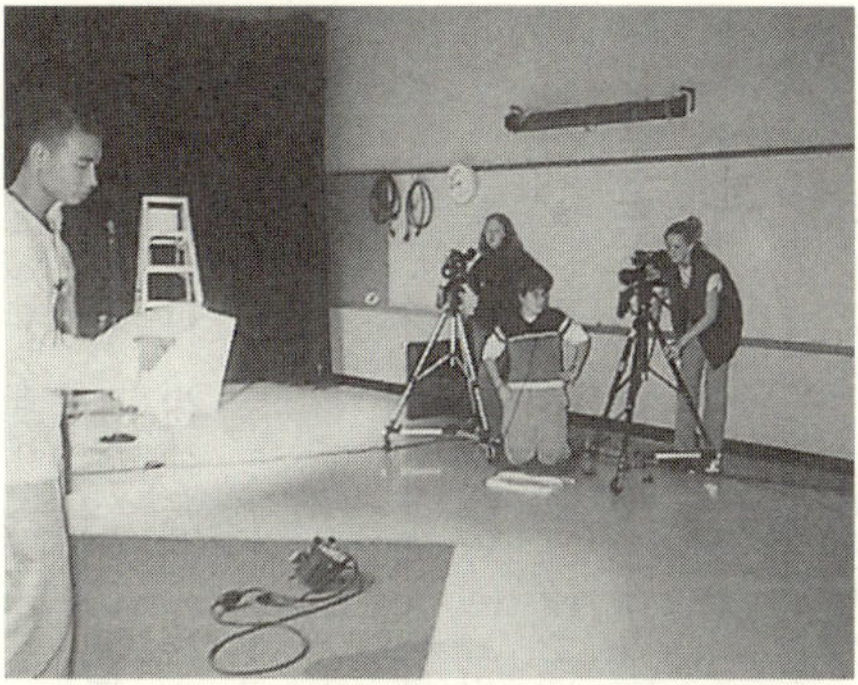

モンゴメリ・ブレア高校．番組制作直前に緊張感が走る．

それにしても、トーク番組はまだしも、なぜ学校でミュージックビデオを勉強するのだろうか？

「生徒たちはメディア文化のまっただ中に生きています。MTVなどのビデオクリップは、若者がかっこいいと感じるような感覚を、ビジュアル主体に訴えます。本人たちはあまり自覚していませんが、音楽はティーンのものの考え方から、ファッション、性のありかたなどの価値観に大きな影響を与えています。こうした若者の文化に検討を加えてみることは、生徒たちの生き方にも関わる重要なことです」

一方、ニューヨークのブロンクスでもユニークな授業が行われていた。

マスコミに「仕返し」

束の間、冬にしては暖かい快晴の日、タフト高校を訪ねた。建物が見えてほっとしたのも束の間、まるで空港の手荷物検査のような長い列が入口から延々と続いている。聞けばセキュリティのために、荷物のX線検査を受けなければ校舎に入れないという。こんな朝の風景も、市内の公立高校では、珍しくないというからぎょっとする。検査を終えて受付に駆け込み三階の教室にたどり着いた時には、授業開始の直前だった。教室には一一人の生徒が席に着いていた。

「テレビニュースの街頭インタビューで、「タフト高校はひどい学校ですね」といったコメントが紹介されたら、それを見た人はどう思うかしら?」。先生が問いかけた。

「タフトはひどい学校だと思うんじゃないかな」と、男子生徒が答える。

「そうね。でも、このコメントはこの学校の事実を表しているの? それとも個人の意見?」

「インタビューされた人の意見」と、今度は女子生徒。

「ということは、個人の意見が事実の代わりをしているってこと? じゃ、どんな意見を使うのかを決めるのは誰?」

教壇に立っているのは、ネットワーク・テレビで子ども向けの番組制作に携わっていたこともあるローラ・ブーラル先生。現在は、メディア教育関係のNPO(非営利民間組織)でプロデューサーをつとめるかたわら、講師としてこの高校でメディア・リテラシーの授業を担当する。

タフト高校は、生徒による殺傷事件をはじめ暴力事件が相次ぎ、マスコミ報道の過熱も手伝って、学校のイメージは最悪の状態にある。そこで、ブーラル先生は、マスコミへの「仕返し」を思いついた。詳細なデータや広範囲のインタビューを使って、生徒たち自身の手で学校の「真の姿」を伝えるドキュメンタリー作品を作ることだ。

「生徒たちは、自分たちのイメージを良くするのに情報を「操作」するようになります。自分たちの手で自分たちの良いイメージを作り上げる……。ここまでくれば、ニュースがどういうものか理解できるようになるはずです。作る側の焦点の当て方で、事実といえども異なって見えるということです」と、授業の真の狙いを説明した。

街頭インタビューを分析

その日、生徒たちは、ニュースの街頭インタビューについて考えた。番組で紹介された人の意見は世の中の典型的な考え方のように映るが、果たして本当にそうなのか。どんな意見が番組で取り上げられ、それは社会全体の文脈に照らしてみればどんな部分にあたるのか。「ボツ」になったものはどんなもので、それはなぜなのか……、教室では熱い議論が続いた。

その後、インタビューされた人やコメンテーターが話す言葉は、個人の意見でしかないのにそれがまるで事実のように視聴者に伝わる点に注目し、制作者がどんな「意見」を選ぶかで世の中の「事実」も変わって見えることを話し合った。作り手の取捨選択のプロセスを考えてみることで「真実」とは何かを考え、それをドキュメンタリー作りに生かすのが目的だ。

この日の授業から数カ月が流れ、ついに生徒たちの作品が完成した。

「報道は行き過ぎだと思います。銃やナイフをもっている生徒なんていないし、この学校の生徒は良い子ばかりだと思います」。生徒の作品では、こうした女子生徒のコメントを紹介するなど、この学校のポジティブな面が語られている。

作品が出来上がったところで、生徒たちはイメージ払拭のチャンス到来とばかりに、地元の新聞社やテレビ局に招待状を出した。ところがマスコミは一社も姿を見せず、生徒たちは落胆した。

「マスコミが来ないことは残念ですが、生徒たちにとっては良いレッスンです。今回のことで、何がニュースになり、何がニュースにならないのかがわかったはずです」と、ブーラル先生は言う。

メディアの授業を一年ほど受講しているデニス君は、テレビを見る目がすっかり変わったと言った。

「ドキュメンタリーを作ってから、作り手の立場からテレビを見るようになったんだ。ニュースはうそでもないけど、全くの事実でもない。それはやむを得ないこと。それがわかるようになったんだ」

2　メディア王国でも始まったメディア・リテラシー

メディア・リテラシーとは

こうした試みは、ここ数年、急速に関心が広まっているメディア・リテラシーと呼ばれるメディア教育の一例だ。メディアが伝える情報が日常のあらゆる局面に深く浸透し、我々のものの見方や考え方から文化の形成にいたるまで大きく影響するなか、メディアが送り出す情報を単に受容するのではなく、意図を持って構成されたものとして、積極的に読み解く力を養うことが、新しい教育分野として注目を集めている。

アメリカで、メディア・リテラシーが学校教育に積極的に取り入れられるようになった背景には、メディアが子どもの生活の大きな位置を占めるようになったことが大きい。米カイザー家族財団が一九九九年に二歳から一八歳の子ども三〇〇〇人以上を対象に行った調査結果によれば、アメリカの子どもがメディアと接する時間は一日平均五時間二九分。八歳以上に限れば、六時間四三分と急増する。内訳は、テレビが二時間二四分と断然トップで、CDやテープを聴く(四八分)、雑誌・本などを読む(四四分)、ラジオを聞く(三九分)などが続く。自室にテレビを持っている子どもは五三％、インターネットに接続できる子どもも七％いる。

「ワシントンポスト」紙は、テレビ、ラジオ、コンピュータなど、差し込みをつなぐメディアに囲まれて育つ現代の子ども達を「差し込み世代(Plugged-In Generation)」と命名した。

「テレビを見て、ビデオゲームをし、音楽を聴いて、インターネットをサーフするのは、今やアメリカの典型的な子どもの「フルタイムの仕事」になっています」とカイザー家族財団のドリュー・アルトマンは言う。

今や子どもがテレビを見始めるのは二歳前。高校を卒業するまでにテレビを見る時間だけでも、学校で授業を受ける時間の合計の二倍近くになるという。

こうした子どもを取り巻くメディア環境の変化を受けて、シンクタンクのアスペン研究所が「メディア・リテラシー全米指導者会議」を主催したのは九二年のことだった。会議では、メディア・リテラシーの定義についても話し合われたが、それによると「多様な形態のコミュニケーションにアクセスし、分析し、評価し、発信する能力」を指す。

メディア・リテラシーの定義が分析だけに止まらず情報発信能力をも含むのは、メディア・リテラシーの究極的な目標が、メディア時代を生きる人間それぞれが主体性を持ち、自らのメッセージを発信する能力を具えることで、既存のメディアを越えた多様性のある市民社会を実現する、との思想を反映しているからだ。「メディア・リテラシーは単なる教育ではありません。メディア時代を迎えて、我々がどんな社会を築いていきたいかを考える上での大テーマでもあるのです」と、米国メディア・リテラシーのリーダー、バブソン大学のリネー・ホブズ教授は語る。

メディア・リテラシーの分析テーマは、メディア産業の政治・経済構造、スポンサーの影響力、マーケティング戦略、報道の偏向、女性やマイノリティの描かれ方、カメラアングルや音声効果が映像に与える影響、などと幅広い。対象になるメディアも影響力の大きさからテレビが主流だが、映画、広告、新聞・雑誌、ラジオ、写真なども含まれる。映像の理解を深めるために、生徒にビデオを撮らせることもあれば、最近ではインターネットの情報を解析したり、ホームページの制作を取り入れる学校も出てきている。学科としては「国語」(母語)の一部として教えられる例が大半だが、選択科目として独立している場合や他の教科に組み込まれて教えられることもある。

メディア・リテラシーは、テレビ番組やビデオ、スライドなどを学習の補助のために利用する視聴覚教育や、コンピュータの操作を習得するいわゆる「コンピュータ・リテラシー」とは異なる。あくまでも情報の中味を学習の対象とし、メディアが持つ特性・技法に注目しながら制作のプロセスを吟味していくことで理解を深め、メディアと「主体的に関わっていくこと」が最大の目的だ。

驚くべき急展開

アメリカでメディアを批判的に読み解くことの重要性が語られるようになったのは、一九七〇年代にさかのぼる。テレビの暴力番組が子どもに悪影響を及ぼすとの調査結果を受けて、教育省が教育プログラムを開発し、全米の学校に教材を配布したのが始まりだ。しかし、政府主導の一方的な動きであり、教員教育などの支援も行われなかったため、広く浸透するには至らなかった。さらに、八〇年代の不況下で、グローバルな競争力に直接結びつかないメディア・リテラシーよりも、実践的な教育を重視する風潮が強まっていった。

しかし、九〇年代に入り、子どものメディアとの接触時間が増えるとともに、メディアの商業化やマスコミの不祥事、テレビや映画の性・暴力描写の急増が問題視されるようになり、メディアの学習が再び脚光を浴びるようになる。

九三年夏には、ハーバード大学に全米各地から教育者、放送関係者らが一同に会して講座が持たれたが、これが全米各地で活動してきた個人をネットワーク化し、その後の動きに弾みをつける役割を果たすことになった。九四年には、ニューメキシコ州が全米で初めてメディア・リテラシーを高校のカリキュラムに取り入れることに成功し、大きな注目を集めた。また、海外の研究に触発されたアメリカの研究者が国内での活動を活発化し、教材や教授法が徐々に開発されるようになっていく。

ラトガーズ大学のロバート・クービィー教授らが、九九年一〇月に発表した調査結果によれば、メディア・リテラシーは予想外の早さで広まっており、「国語」のカリキュラムで、テレビ番組などの映像メディアを学習に取り入れているのは、アメリカ全五〇州のうち四六州にものぼり、調査を行った教授らの予想を大きく上まわったという。また、社会、歴史、市民教育では三〇州が導入。カリフォルニアの中学三年生から高校三年生の社会科では、「メディアが政治のプロセスにどう関わっているか、政治家はメディアをどう利用し世論を形作っているか」などを学習する。また、保健、栄養、消費者教育などに取り入れている州も三〇にのぼり、タバコやアルコールの広告から距離を置くことや、雑誌に登場するモデルの体型が標準的ではないことを示すことで、ダイエットによる摂食障害を防ぐなど、青少年の健康を保つ目的でメディアが教えられている。

一方、ノースカロライナ州のアパラチア大学教育大学院は、アメリカで初めてのメディア・リテラシーの専攻科を二〇〇〇年に開設した。さらに、積極的にカリキュラムに取り入れる学校も増える一方で、それに対応するかのように、NPOの展開も広がりを見せており、今後もダイナミックに成長していきそうな勢いである。

3　国際的にも活発な取り組み

各国でも盛んに

しかし、世界の動きに較べると、アメリカはこれでも、「メディア・リテラシー後進国」だと、関係者は口を揃える。イギリスは、メディア教育の「発祥の地」として、一九三〇年代頃から教育現場での実践を誇り、理論研究も進んでいる。カナダ・オンタリオ州は、七〇年代後半からの、教師たちによる活発な活動が実り、八九年にメディア・リテラシーがカリキュラムに取り入れられた。現在、オーストラリアでも、ほぼ全部の州で教えられている。また、英語圏以外では、フィンランド、ノルウェー、スウェーデンなどのスカンジナビア諸国や、オーストリア、フランス、ドイツを始めとするヨーロッパ各国、ブラジルやチリなどのラテンアメリカの国々、イスラエル、ロシア、南アフリカ共和国、アジアではフィリピンや香港でも取り入れられている。

各国でメディア・リテラシーが取り入れられる目的は、メディアを理解する以外にも、自国文化の育成や保護、宗教を背景としたモラルの保持、民主化が緒についたばかりの国々での民主主義の確立、多文化社会における多様性の実現など、と様々だ。また、その定義や実践は、各国の政治・経済の発展段階や、教育制度、メディアのシステム、文化の違いなどによって大きく異なっている。しかし、現代社会におけるメディアの重要性の増大や、活字から映像主体のコミュニケーションへのシフト、加速するメディアの商業化、メディアの寡占化にともなう言論の多様性欠如など、現代社会においてメディアを理解することが重要だ、との基本認識は世界中で一致している。

国際機関による取り組み

一方、各国による個別の活動とは別に、国際機関による取り組みも活発に行われている。国際コミュニケーションの問題に長年関わってきた、国連機関のユネスコ(国際連合教育科学文化機関)もメディア・リテラシーの重要性を早くから認識し、支援活動を行ってきている。一九六二年には、ノルウェーで開催された「映画とテレビ教育における国際会議」で、映画やテレビに対して批判的な能力を身につけるよう「映像教育」の促進を訴えている。また、八二年には一九カ国の代表が西ドイツに集まり、「メディア教育に関するグリュンバルト宣言」が採択されているが、ここでは、「市民が社会に積極的に参加するためのツールとしてコミュニケーションやメディアが軽視されてはならない。政治・教育機関は市民がコミュニケーションについて批判的に理解できるようにすることが重要であることを認識し、それを促進する義務がある」として、メディア教育の充実を訴えている。

一方、八九年にはヨーロッパ評議会が、「新テクノロジーとメディア教育は、政治に目覚めた民主的市民を育むために役立つものであり、生徒に力を与える役割を持つ。そのため、生徒

2000年5月にカナダで行われた国際会議で，パネルディスカッションに参加する，米・英・カナダ・オーストラリア・南アフリカの教育関係者，左から2人目は，メディア・リテラシーの権威として知られるレン・マスターマン．

はマスメディアの構造、メカニズム、表現方法を理解すべきである」として、メディア教育を支持する決議を採択している。

九〇年には、英国映画協会（BFI）などの主催により、フランスのトゥールーズで国際会議が開催され、四五カ国からメディア教育者やメディア関係者など、世界のリーダー約二〇〇名が結集した。会議で触発された各国からの参加者は、自国に戻って新たな活動を始めるなど、この会議をきっかけにメディア教育はさらにグローバルに展開する。その後も、ユネスコは定期的に国際会議を主催するなど、メディア教育の国際化を支えている。

また、九九年には、国連機関のユニセフがノルウェー政府と共催した会議で、メディア・リテラシーは国連の「子どもの権利条約」に含まれるべきものだとして、今後の積極的な取り組みを示唆している。

二〇〇〇年五月には、カナダのトロントで「サミット二〇〇〇」が開催され、五五カ国から一五〇〇人の関係者が集まり、二一世紀のメディア・リテラシーの展開について、グローバルな視点から積極的な議論が交わされた。北米、南米、ヨーロッパ、中東、ロシアなど、まさに世界各地から参加者があり、アジアからは日本をはじめ、中国、インド、インドネシア、韓国、フィリピンなどが参加している。

こうして世界的な展開を見せるメディア・リテラシー教育だが、その起源はイギリスにある。ラトガーズ大学のクービィー教授は、「イギリスが三〇年前にやっていたことを、今アメリカが始めたところだ」と語るほどだ。

それでは、メディア・リテラシーはどのような経緯をたどって現在に至り、どのように実践が進んでいるのだろうか。

さっそく、イギリスの教室を訪ねてみることにしよう。

第1章

イギリスに根づくメディア教育

「メディア研究」の授業で作った映画ポスターを広げる生徒．教室の壁にはイギリスのヒット映画「フル・モンティ」のポスターが見える．

1　なぜメディアを学ぶのか

小学校でメディアを学ぶ

ロンドンの観光名所として知られる時計塔ビッグベンやウェストミンスター寺院。ここからテームズ川を横切った対岸に、ロンドンと南西地域を結ぶウォータールー駅がある。そこから歩くこと約一〇分。下町の雰囲気が漂う通りを抜けると、小学校らしい建物が見えてくる。高い塀にぐるりと囲まれた都会の校舎の全景は、通りからはよく見えない。番地を確認して重い扉を開けると、肌の色も様々な子ども達が楽しそうに遊んでいた。受付には、移民の父兄のために六カ国語で案内が貼り出されてあった。多文化都市ロンドンの一面である。

イギリスでは、メディアについて教えることが「国語」(英語)の授業の一部に取り入れられている。日本でいう四年生の生徒たちは、まだまだあどけない。おしゃべりが止まないのを見かねた先生が、手を打って合図すると、教室が急にシーンとなった。

子ども達が大好きな、メディアの授業の始まりだ。

「ステレオタイプって何だったか覚えている?」

メディアのステレオタイプなどについて学習する小学生．授業はあくまでも生徒が主体で行われる．

先生が問いかけると、空中にたくさんの手がのびあがった。

「ある特定のイメージで、人とか物について言うこと」。自信たっぷりに男の子が答えた。

「コンピュータ・ゲームのコマーシャルは、男の子しか出てこないでしょ。私だってやっているのにおかしいわ」と、女の子。

「食べ物のコマーシャルには、黒人がほとんど出てこない」。そう言ったのは、黒人の男の子。

「コマーシャルに出てくる家族は、決まって優しいお父さんとお母さん、可愛い男の子と女の子。おまけに、みんなとても幸せそう。でも、これって何か変じゃない?」。今度は、女の子が疑問を投げかけた。

「このクラスで両親が揃っていない子は?」

と先生が聞くと、半分近い子どもの手があがった。

生徒たちは、メディアの「現実」と自分たちの「現実」を比べることで、メディアが映し出す世界を認識する作業をしているのだ。コマーシャルは、商品を売ることを目的に「作られた」ものであり、現実そのものではないが、「女の子らしさ」「黒人より白人」「両親が揃った幸せな家族」というイメージは、子ども達のまわりにあふれている。授業では、それらが必ずしも「本当のこと」や「良いこと」や「典型的な例」でないことを、生徒たちに気づかせていく。授業は生徒主体で進行していき、先生はオーケストラの指揮者よろしく、子ども達の意見を引き出すのに徹していた。「生徒たちの言葉はつたないですが、彼らは大人が思っているよりもはるかに色々なことに気がついています。私の役目はそれを上手く引き出してあげることです」。

変わる「国語」の授業

イギリスでは、「国語」の授業が確実に変わってきている。文字の読み書きや文学の読解に加えて、子ども達が日常的に接するテレビ、映画、ラジオ、広告などのマスメディアについて教えることが定着しつつあるのだ。

ロンドン大学のデイビッド・バッキンガム教授は、「国語の目的は、自分が身を置いている文化を理解することにあります。そうした意味で、今ほどその意義が問われていることはありません。複雑になった現代文化について、いかに教えるかは大きな課題です」と語り、メディアを教えることの重要性を指摘する。

現場の教師たちも、メディアは国語の授業で取り入れるべきだと位置づけている。「メディアを教えることは、国語の延長線上にある極めて自然なもの」(バーナード・ブライティス教諭)「自分がどんな文化の中にいるのか、それを知るのが国語であり、メディアを学ぶことはその理解を広めるために必要なもの」(マリオン・ブッド教諭)

こうした変化は、国語の学習の調査結果にも見て取れる。(なお、イギリスでは、母語の学習は日本のように「国語」という言い方はせず、「英語」(English)という呼び方をする。日本語が国語と呼ばれることに関しては、イデオロギー的な意味合いからも議論があるが、本書では「英語」の語感が外国語を連想させるため、イギリスにおいての母語の学習もあえて「国語」と表記する。)

英国映画協会(BFI。詳しくは後述)が一九九七年に七一八人の国語教師を対象にした調査をまとめた報告書「国語におけるメディア」によると、「メディアは子どもの世界の中心を占めているため、国語の授業で教える必要がある」と答えた教師は九一%にのぼり、ほとんどの教師がメディアを教える重要性を認識していた。「メディアを教えることは、文学を教えるのと同じように重要だ」と考える教師は四八%、国語の枠内でメディアを教えるのに費やす時間は、全体の一〇%以下が約半数、一〇から二五%が約四割。「もっと多くの時間をメディアの学習に使いたい」と答える教師も五八%いる。授業の具体的な内容では、テレビ・映画を見る、広告を作る、メディアの偏向やステレオタイプについて考える、絵コンテを描いてみる、小説と映画の描かれ方の違いを比べる、などが一般的だ。メディアを教える目的については、五七%が目の肥えたメディア利用者になるように支援するためで、子どもをメディアの悪影響から守るためという動機は、七%に止まっている。

分析的な国語カリキュラム

イギリスの全国カリキュラムの国語では、初等教育(五―一一歳)の段階から、活字だけでなくテレビ番組などの映像の読解が求められている。中等教育(一一―一六歳)の「読む」パートでは、学習するテクスト(活字・映像などによるメディア作品のこと)の対象が、「英文学遺産」「他文化・伝統によるテクスト」「活字媒体・情報テクノロジーによるテクスト」「メディアと動画」の四つに分けられており、メディアに関連したところでは、新聞、雑誌、広告、テレビ、映画、ビデオが学習の対象になっていて、現在作成中のカリキュラムには、CD-ROMやインターネットもテクストに含まれる見込みだ。

「メディアと動画」では、次のような学習目標が立てられている。

○活字、イメージ、音などが統合されてできているテクストがどう意味をなすか

○形式やレイアウト（書体や字の大きさ、活字に添えられたイラスト、映像の順番やカメラでの枠の取り方、サウンドトラック）などの選択がどう効果に関わるか
○メディアの性質や目的がどう内容や意味に関わるのか（新聞やニュース番組で、何を一面あるいは冒頭にもってくるかなど）
○視聴者・読者はどうメディアを選択し反応するか

このように、生徒たちには、メディアを批判的かつ分析的に読み込んでいくことが求められているのだ。

そもそも、イギリスにおける国語の学習は、活字などの伝統的なテクストを対象にする場合にも、日本の学習指導要領が目標にしているような、「文章を的確に理解し、適切に表現する能力を育成する」といった目標よりも、はるかに分析的である。情報がどのように提示されているかを評価する、関連のある情報とないものを取捨選択し、事実と意見、偏向と客観性を区別する、登場人物の姿勢や仮説と作者のそれとを区別する、といった批判的思考を育成する土壌が、国語の中にもともと備わっているのだ。さらに、メディア教育のポイントのひとつにもなっている、表現形式がテクストの内容にどう影響するか、といった視点も含まれており、異なるメディアで表現すればテクストの意味はどう変わるのか、それぞれのテクストのスタイル、テーマ、表現方法を比較し、類似性や相違を明確にする、といったことも学習のポイントにな

っている。メディアの学習は、全く新しいものではなく、もともと分析的であった国語の読み書きの範囲を、メディアに拡大させたものと言えるのだ。

サウザンプトン大学でメディア教育を研究するアンドリュー・ハート教授は、「読み書きができるということは、文化が理解できるということです。メディアを理解せずに、現代の政治・社会・文化を真に理解することは困難です」と語り、メディア教育は、現代の読み書きの基本だと強調する。

イギリスではメディアを教えることが、非公式ながらも熱意ある教師たちによって六〇年近くにわたって行われてきた伝統があるが、正式にカリキュラムで明示されるようになったのは、比較的最近のことだ。一九八八年の教育改革法を受けて、日本の学習指導要領にあたる全国カリキュラムが初めて導入され、それを受けて八九年から教育現場で取り入れられるようになったのである。（なお、イギリスでは、教育の管轄が、イングランド、ウェールズ、スコットランド、北アイルランドの四地域に分けられており、地域ごとに独自のカリキュラムが作成されている。ただし、イングランドとウェールズでは、共通のカリキュラムが使われており、ここで言うイギリスとはこの二つを統合したものを指す。また、残りの二地域でもメディア教育が取り入れられている。）

大衆文化批判が起源

メディア教育の起源は意外に古い。その源流をたどると、一九三〇年代にまでさかのぼる。文学批評家のF・R・リーヴィスとデニス・トンプソンが著した『文化と環境――批判に目覚めるための訓練』で、マスメディアを批判的に読み解くことは、子どもを低俗な大衆文化の影響から保護するのに役立つ、と説いたのがその原点だと言われている。

当時のイギリスでは、印刷技術の向上など「テクノロジー」の進化や、産業化にともなう大衆社会の到来で、庶民の間にイエロージャーナリズムや大衆小説などが流行していたが、インテリ層はマスメディアが伝統的な文化を衰退させ、低俗な大衆文化を広めるのではないか、と危惧を抱くようになっていた。リーヴィスらは、安っぽいモラルやイデオロギーを広め、古典文学離れを加速させる大衆メディアの脅威に対して、子ども達が批判的な思考を身につけることは、真に価値のある正統文化を見分ける能力を養い、文化の低俗化を阻止することにつながると考えた。

古典文芸こそが真の文化であると考えていたリーヴィスらの思想は、同様の危惧を抱く知識階級や国語教師らに強くアピールし、大衆新聞・雑誌、広告などを批判的に見る能力をつけることが、子どもを守る「予防措置」として授業に取り入れられていくのである。

大衆操作に危惧

一方、一九三〇年代は、ヒトラーが宣伝の天才とよばれたゲッベルスを据えて、ラジオによる宣伝や、国策映画を使って情報戦略を進めていった時期にも重なる。とりわけドキュメンタリー映画は、制作者の意図によって構成されたものであるにもかかわらず、映像が持つ写実性を前に、見る人はそれを事実と錯覚しがちであった。権力者はむしろこの点に注目し、第二次世界大戦中には、ナショナリズムを形成するためのプロパガンダとして、各国で映画が戦略的に作られるようになる。一九三六年、ベルリン・オリンピックをドキュメンタリー形式で記録した「民族の祭典」は、ナチスドイツの宣伝映画の「傑作」として知られている。

しかし、メディアが人々の考え方に大きく影響を及ぼすことがしだいに明らかになるにつれ、大衆操作を危惧する声も高まっていった。英国公共放送BBCはこの時期、プロパガンダを見分けるための番組を制作するなど、視聴者にメディアに対して批判的になるよう訴えている。また一九三六年、ローマ教皇は映画を始めとする「ニューメディア」の影響を深刻に受け止め、メディア教育を授業で正式に取り入れるよう各国に回章で呼びかけた。テレビの試作品が、ニューヨークの世界博覧会にお目見えするちょうど三年前のことである。

こうして、映像メディアの影響力が認識されるにつれ、メディア教育の中心が、映画、そしてテレビへと移行していくのである。

六〇年代に入り、映画などのメディアに親しんで育った世代が教師の主流を占めるようになると、大衆メディアは必ずしも単純に「悪」とはみなされなくなり、映画がさらに積極的に授業に取り入れられるようになる。ところが、今度はフランス映画は高尚だがハリウッド映画は低俗だ、あるいは、ドキュメンタリー番組は良いが娯楽番組は悪い、といったようにメディアのジャンルによって、序列がつけられるようになる。それにともなってメディア教育の目的も、教師がメディアの良し悪しを教え、生徒が高級で洗練された嗜好を持てるように訓練する、といった性格を帯びてくるのである。

メディアは文化

ところが、六〇年代半ばから七〇年代には、文化はもはや特権階級のみが作るものではなく、人々の生活をとりまく全てであり、多様な表現様式をとるものだ、と訴えたカルチュラル・スタディーズという思潮の登場で、文化を高級・大衆と二分する見方に疑問が投げかけられるようになる。メディアが送り出すメッセージは、政治・経済・イデオロギーなどの様々な要因から構成された混合物であり、また、人々はメディアによって一方的に影響されるほど単純ではなく、自らの経験や価値観、社会的な文脈などに照らして、メディアを多様に解釈していく存在だと考えられていく。そして、大衆文化とは、メディアと人間の相互作用によって作り出される、極めて重層的で複雑なものだと理解されるようになっていくのである。

七〇年代に入り、テレビが一般家庭にすっかり普及し、マスメディアがさらに人々の日常に深く浸透するようになると、高級文化と大衆文化の垣根も徐々に崩れていくようになる。この頃、ヨーロッパや北米では映画研究が盛んに行われるようになるが、こうした傾向がテレビの登場により映画が大衆文化からやや離れた時期に始まっているのは興味深い。

分析的アプローチの登場

こうした一連のメディア教育の流れに決定的なインパクトをもたらしたのは、当時、英ノッティンガム大学で教鞭を執っていたレン・マスターマンである。八五年に出版された『メディアを教える』は、メディア教育の必要性や実践的な理論的枠組みを明快に提示し、世界各国の関係者を大きく刺激し、メディア教育を新段階へと導いた。

マスターマンの理論の根底にあるのは、メディアが映し出す世界は現実をそのまま鏡のように反射させたものではなく、それらを記号化して再構成したものだ、という点だ。メディアが送り出す情報や娯楽は、誰かが何らかの目的(利益・啓蒙など)で作ったものであり、誰が、どんな目的で、どんな情報源をもとにメディアの内容を作っているのかに注目して、積極的に読み込んでいけば、メディアにどんな価値観が隠されているのかがわかる、と考えたのだ。

マスターマンが、こうした分析的なアプローチを思いついたのは、教師の間には「大衆文化は低俗である」との考えが根強く存在し、生徒に最も身近なメディア文化が真に理解されていない、と感じたことにある。教師がメディアに対して否定的な態度をとれば、生徒はその場しのぎで教師が好むことを言うか、皮肉屋になるかのどちらかで、自らは何も学ばないと危惧を覚えたのだ。そこで、生徒に理論的な枠組みを与え、自分たちで主体的に分析できるようになれば、生徒たちを教師の文化的な価値観の押しつけから解放できると考えたのだ。

八〇年代に入り、マスメディアが「子ども文化」の中心的な存在になるにつれ、メディア教育の研究も活発化し、新しいタイプの研究が生み出されてくるようになる。

教育の民主化

ロンドン大学のバッキンガム教授は、子どもが遊びなどを通して身につけているメディアの知識が、メディア教育の授業に活かされていないことに注目し、子どもがすでに持っている知識を出発点としてメディアを教えるべきだとのスタンスを取る。

「今や子どもにとって、大衆文化は学校で教わることよりも、むしろ本物の文化なのです。学校の教育機関としての存在意義は薄れるばかりです。もはや教育は、学校だけでは完結しなくなっているのです」

バッキンガムは、メディア教育を学校教育に取り入れる理由を二つのタイプに分類する。子どもをメディアの悪影響から守ることで、伝統的な学校教育を「子ども文化」の中心に据えようとするいわば「保護主義」と、子どもにとって最も身近なメディア文化を学校教育に取り入れようとする、「教育の民主化」である。そして、八〇年以降は「民主化」傾向が顕著になっているという。そうした変化は、八三年に教育・科学省から発行された報告書「大衆テレビと子ども」にも見てとれる。ここでは、メディア教育の必要性を、それまでのテレビの影響を危惧することから、テレビが映し出す社会を理解することを重視するよう方向転換をはかっている。また、八〇年代に登場したビデオ再生機(VCR)は、テレビ番組の録画を可能にし、番組を教材として取り入れられるきっかけを作っている。

二〇世紀初頭には、子どもを大衆メディアの悪影響から守り、文化的な嗜好を洗練させることを目標に出発したメディア教育は、時代ごとに段階を追って発展し、今ではメディアが社会の重要な意味をつくり出し、また子どもを取り巻く文化の中心であるとして、メディアを理解し、検討を加えてみることの重要性が、広く認識されるようになったのである。

2 イギリスの教室から

人気急増のメディア関連科目

イギリスの学校にメディア教育が根づいている理由のひとつは、メディアが国語のカリキュラムの枠内で教えられているほかに、中等教育(一六―一八歳)で独立した科目として存在することにある。メディア教育とは、メディアを批判的に理解することをねらった学習を指し、「メディア教育」という特定の教科があるわけではない。

メディアに関する学習は、選択科目としてメディアに特化した「映画とメディア研究」（映画を中心にメディアを学ぶ）、「メディア研究」（メディアを総合的に学ぶ）、「メディア研究上級レベル」（メディアを総合的に学ぶ上級クラス）の三科目があり、こうしたクラスでは、充分な時間をかけて幅広いメディアの学習が可能になる。メディア研究上級レベルは、大学入学資格試験の選択科目にもなっており、メディアが学問的にも地位を得ていることがうかがえる。

BFIの調査によると、九八年に「メディア研究」などメディア関連の学科を選択した生徒数は約二万四〇〇〇人、それとは別に「メディア研究上級レベル」（メディア上級）を選択した生徒は、約一万三〇〇〇人にのぼる。生徒全体に対する数を考えれば決して多いとは言えないが、九〇年にメディア上級を選択した生徒が七〇〇人にも満たなかったことを考えれば、その急上昇ぶりがよくわかる。生徒たちは、メディア関連の学科を選択した理由を、六九％が自分たちの生活に関係しているから、六五％がテレビや映画が好きだから、と答えている。「メディアは生徒に大変な人気がありますから、生徒集めのためにも学校は競って取り入れていますす」と説明するのは、メディア教育関連NPOのジェニー・グラハムだ。

メディア教育の理論的枠組みを考える上で役立つのが、BFIがまとめた「メディア教育の分析枠組み」（表1参照）で、イギリスの、教育現場で広く取り入れられている。メディアの学習は、こうした枠組みを使って、生徒が主体的にテクストを分析していくもので、メディアに関

表1　メディア教育の分析枠組み

メディアの制作者	誰がそのテクストを作っているのか．制作過程でそのテクストのつくり手は経済的，思想的にどのような団体(個人)であり，どのような役割を果たし，どのようにテクストをコントロールしているか．
メディアのカテゴリー	メディア(テレビ，ラジオなど)，表現形式(ドキュメンタリーや広告など)，ジャンル(科学小説，ドラマなど)，どんなタイプのテクストか．カテゴリーはテクストの理解にどう関わっているか．
メディアのテクノロジー	誰にどのようなテクノロジーが利用可能で，それはどう使われているのか．テクノロジーの違いは，テクストの意味にどのような特色をもたらすか．
メディアの言語	テクストはすべて意味を持っている．受け手にその意味がどうやって伝わるのか．音声やビジュアル効果，どのような場面設定になっているのか．
メディアの受け手	誰に向けてテクストは送り出され，受け手はそれをどう読むのか．
メディアの現実構成	メディアテクストは，誰が何の目的でどのように描写されているのか．

Primary Media Education : A Curriculum Statement(Cary Bazalgette, 1998)から

する固定した内容を教師が一方的に教えるというスタイルをとらないのが一般的である。

映画のマーケティングを勉強

窓の外に広がる真っ青な空と緑がまぶしい昼下がり、ロンドンから特急で南西に約一時間。メディアの授業を見学するために、イギリス海峡に面する港町サウザンプトンにやって来た。瀟洒な住宅街を抜けると、タウントン高校のモダンな校舎が見えてきた。メディア

上級クラスの二四人の生徒たちは、コの字に並んだ机をぐるりと囲んでいた。

今日の授業は、映画のマーケティングがテーマ。映画というメディアビジネスが、メディアを使ってどう作品をプロモーションするのかを考える。

生徒たちを見渡すと、クリス・トーマス先生はさっそく授業を始めた。先生はチョークを手にとって、

○パブリシティ（映画評やインタビューなど記事や番組で取り上げてもらう）

○プロモーション（他の製品とのタイアップ）

○広告（テレビコマーシャル、新聞・雑誌広告、ポスター、屋外広告）

と大きく書いた。

「今日はこうした基本概念を使って具体的にどんな映画がどんな理由で、どんなマーケティング戦略を使っているのか考えてみましょう」と先生が言う。

「プロモーションのところは、ファストフードのセットメニューのおまけについてくるスターウォーズのカップとかでいいんですか？」。男子生徒が遠慮のない大声で訊《き》く。

「よい例ね。最近はジェームズ・ボンドの等身大の人形広告を見かけるでしょ。あんなのでもいいですよ」

いかにも教師といった上品ないでたちのトーマス先生の口から、スターウォーズやジェーム

ズ・ボンドといった言葉が、ポンポンと飛び出すのは何ともミスマッチで面白い。トーマス先生は、たまたま参加した国語の講習会でメディアについて学んだが、その重要性を痛感し、学校を休職してサウザンプトン大学教育大学院でメディア教育を専攻し、修士号を取得した。現在は、この高校で国語とメディアの授業を担当する。イギリスでは国語教師がメディアを教えるのが典型的な例だ。

生徒たちはグループに分かれて、さっそく話し合いを始めた。

「メディアが見える」

映画の封切りが近くなると、新聞・雑誌にこぞって映画評が載り、出演俳優がいっせいにインタビュー番組や記事に登場するが、なぜメディアは映画の話題を取り上げたがるのか、それがどんな効果をもたらすか、またメディアに取り上げてもらうためにはどうすれば良いのか、などのメディア戦略も考える。関連記事を集めて、映画のブランドイメージ、売りのポイント、ターゲットを分析するほか、映画広告も、特定のイメージを作り出すためにどんな洋服が選ばれ、どんなポーズをとらせ、どんな色が使われているのか、などひとつずつの要素を分解して見ていくことで、ディテールにかくされた意図や、ビジュアルの意味や効果も分析していくのだ。

教室を見渡してみると、生徒の机の上には、勉強の対象には似つかわしくない(?)ティーン向けの雑誌や映画関連のグッズが置かれてあり、生徒たちがこうした材料を、真剣な表情で分析している。この授業が、イギリスの大学入学資格試験の選択科目に指定されている「まじめな」教科であることを考えれば、なおさら妙な気がしてくる。不謹慎ながらも「これが本当に勉強？」と思った私は、隣の席に座っていた一六歳のケイト・レパートに、率直に感想をもらしてみた。すると、「わかるわ」といった調子で、彼女は大きくうなずいた。

「私も最初はメディアを勉強することが本当に学問として成り立つのか、かなり疑わしく思っていたんです。母も心配していました。『メディアを勉強してどうするの？』って。でも今になって振り返れば、メディアがいかに重要か、その頃はまだわかっていなかったんですね。実際に勉強してみると、アカデミックなのに、日常的に自分に関係するテーマを扱っているから面白い。それに、メディアだけでなく、マーケティングのようなビジネス戦略とか、広い分野をカバーするのでとってもためになるんです」と言い、「今では母とは比べものにならないくらい、メディアのことは詳しいですよ」と付け加えた。「だって、ビジュアルの『文法』なんて、学校で習わない限りわからないでしょう？　ダークカラーと明るい色を使うのでは、同じ映像でもイメージが全然違って見えるんですよ」。

モハメッド・マハダヴィの、授業の感想はこんなふうだ。

「なんて言えばいいのかな。『メディアが見えるようになった』とでもいうのかな。これまで考えたこともないようなことに、気がつくようになったんだ。『あっ、そうか。こーなってるのか」ってね。自分でも驚くくらい、メディアの仕組みがわかるようになったんだ」

映画の見方が違う

タウントン高校では、「映画とメディア研究」の授業も見学した。この科目では、メディアといっても主に映画を素材としてメディアの学習が進められていく。その日は、映画のジャンルについてがテーマだった。「荒野の七人」を見て「ウェスタン」の特徴を考え、その元になった黒澤明監督の「七人の侍」も見た。映画を見るといっても、その見方はかなりユニークで、ウェスタンが男性をターゲットにしていることが、映画の内容にどう関わってくるか、女性はサブの役がほとんどだが、そうした描写は政治的に正しいか、また新しいテクノロジーの登場で「ツイスター」のような臨場感溢れる竜巻をテーマにした「自然災害」ジャンルの映画ができるようになった、映画をジャンル分けするのは、マーケティングに便利だからだ、などと「なるほど」と思わせる話題が続く。

この授業は、メディア研究に比べると、映画の鑑賞能力を深めるという側面が強いようだ。数週間前に、映画のオープニングがストーリー展開にどう関わってくるのかを、授業で学んだというある生徒は、その晩たまたまテレビで映画を見たところ、「冒頭シーンを見たら、その後の展開が今までにないくらい読めるようになったんだ。映画が前より深く見られるようになって嬉しい」と授業の感想を話してくれた。

一方、ピーター・フォークは、映画がどう現実を再構成するのか、という考え方が映画を理解する上で役立つという。フォークが言ったような視点から、映画を分析したレポートが教室の壁に貼られてあった。

イギリス男性とアメリカ女性が恋に落ちる、映画「フォー・ウエディング」をテーマにしたものを見てみると、映画が描く、習慣、人種、価値観などを、現実世界と対比させているのが面白い。「結婚式は、白人の結婚式のイメージが使われています。……ヒュー・グラント（主役）は、映画を見た人には典型的なイギリス紳士と映るように描かれています（実際にはこうしたイギリス人はいないという意味で）。……結婚前にセックスをしてはいけない、というような伝統的な宗教的価値観は無視され、そうした考えは廃れていると描かれています。……スカーレットが（職探しの）面接に行くというシーンでは、生活のために働くということがジョークのネタにされています。……映画に出てくるような盛大な結婚式は今はあまりなく、市役所などで簡単に結婚している人が増えています」。

この生徒の分析の正当性を判断するのは難しいが、映画の登場人物のキャラクターや、設定などは全てが何らかの理由で作られたものであり、現実のイギリス社会をそのまま映し出しているわけではない。こうして、一歩踏み込んでそれぞれの要素を分解して見ていくことで、そこに隠された意図を見ていくのだ。日本でも外国文化の理解を深めるために映画が利用されることは少なくないが、映画が作り物であることを考えれば、その芸術性は別にして、まずはそ

自分で開発した香水の広告を作る生徒

の背景にある様々な要素を読み込んでいくことが大切なのだろう。

香水の広告作りに挑戦

ロンドン市内にある、グラッデスモア高校のメディア研究上級レベルの授業を訪ねた時には、生徒たちは、九週間にわたって、広告の仕組みから、広告代理店の役割、商品開発まで幅広く学習する「広告プロジェクト」に取り組んでいた。広告は、大衆の価値観の形成に膨大な影響力を発揮するにもかかわらず、目にする方はそれを意識することはほとんどない。プロジェクトの最初には、各自が新聞・雑誌社に問い合わせをして広告料を調べたが、じっくりと見られるわけでもない広告に、巨額が投じられていることを知って驚いたという。

その日、生徒たちは、それぞれが開発した香水の広告作りに励んでいた。生徒の一人オードリーの「新商品」は、二〇歳以下をターゲットにしたユニセックスの香水だ。「男女どちらでも使えるのは新鮮だし、それだけマーケットも広くなります。イメージがはっきりしているから良いかな、と考えました」。

表2 「メディア研究上級レベル」の学習内容の一例

○ニュース制作とニュースが作られる過程を知る	○ラジオとは
○ドキュメンタリーとは何か	○英国の新聞
○広告とマーケティング	○ケーブルテレビと衛星放送
○メディアが再現する現実とは	○メディアと途上国
○ジャンルについて	○独立メディアとは
○映画・テレビのフィクション	○ポップミュージック
	○メディアのオーディエンス（視聴者・読者など）とは

生徒たちが使っている学習ガイドは、この高校の教師たちの「手作り」だ。表紙には、有名ブランドの香水の広告がパッチワークのように並べられ、デザインやレイアウトも凝っている。導入部分には「広告は何かを宣伝したり、商品を売る目的で作られるが、そうした意図をあえて明確に出すことはしない」と書かれてあり、広告は我々の日常生活に切り離せないものであるにもかかわらず、それがどう作られ、どのような働きをするのかほとんど考えられていないとして、香水の広告を次のような点に注意して見るよう促している。

①何が売られているのか
②この商品を買わなければいけない理由が示されているか
③広告は雰囲気や場所など、製品以外のことを考えさせようとしているか
④広告はどんなマーケットや人をターゲットにしているか
⑤なぜそれがわかるか
⑥広告にはどんなタイプのイメージや言葉が使われているか

私もこうした点に注意して、巻末にまとめてある人気ブランドの香水の広告をあらためて眺めてみた。ほとんどの広告は見た覚えがあるのに、その意味を考えたことなど全くないことに気がついた。広告の隅にある香水の写真やロゴがなければ、何が売られているのか全くわからないものばかりで、香水を買わなければならない理由が書かれているものは皆無。若くて美しい女性か、洗練された香水のボトルがアップで写っているものばかりで、ビジュアルの洗練されたイメージは圧巻だ。

広告に敬意を払う

学習ガイドには、大手広告代理店オギルビーが、実際の広告キャンペーンに使うというポイントが示され、生徒たちはそれを参考に代理店スタッフよろしく、香水の新製品の企画、パッケージデザイン、広告制作までをも手がける。その間に、参考のために他の香水を分析したり、ターゲットになる年齢や収入、ライフスタイルを調査し、またデザイン用ロゴや書体、色彩効果なども具体的にまとめなければならない。

「なぜこのイメージを使うのかとか、何が消費者に受けるかなどを考えてみるのは、とても面白い経験だった。これまでほとんど注意して見たことがなかった広告が、実はものすごい時間とお金をかけて作られることがわかって、広告を作る人たちはすごいと思うようになったし、広告に敬意を払うようにもなった」とは、一六歳のアーノン・マキャナンだ。

こうした感想からもわかるように、授業の目的は「広告は消費文化をあおる「悪」」とみなすのではなく、「売る側の論理」も体験した上で、その仕組みをより良く理解させることにある。ＢＦＩの調査でも、教師たちはメディアを教える目的について、「メディアの影響から距離をおくため」が七五％、「メディアをより楽しめるようにする」が八六％で、メディアが必ずしも否定的に捉えられていない。

経済基盤が内容に影響

ところで、序章の冒頭で紹介したアメリカの高校では、テレビ局とスポンサーの関係を学習していたが、広告主はメディアの経済基盤であり、その内容を大きく左右するだけに、このテーマは、メディア教育で頻繁に取り上げる重要性がある。

この高校の学習ガイドにある「広告と雑誌」と題したセクションでは、雑誌は単に情報や娯楽を提供するだけのものではなく、読者を広告主に売ることで利益を上げるビジネスであることを紹介している。「雑誌は広告収入に依存しているため、発行側は市場調査を行い、読者の年齢、性別、階級、ライフスタイル、支出のパターンなどを把握し、その雑誌の読者が、広告主が売ろうとしている商品に興味を持ち、商品を買うだけの収入があることを証明して広告主を引きつけなければならない。広告主はそうしたデータを参考に、雑誌の読者層が商品に合うかどうかを判断して、最終的に広告を掲載するかどうかを決める」と解説し、広告主が雑誌の内容にいかに深く関係しているのかを示している。

広告がいかに雑誌の中味に影響するかを考える上で、興味深いエピソードが『ザ・フィフティーズ』(デイビッド・ハルバースタム著)で紹介されている。一九五〇年代、ニューヨーク郊外に住む主婦で、後にフェミニズム運動の創始者となるベティ・フリーダンは、母校の名門女子大から、同窓生のその後をたどる記事の執筆依頼を受ける。取材を始めてみると、大半の女性が仕事を持たず、家庭に閉じこめられ、精神的に空虚な日々を送っていることがわかった。ことの重要さに気づいたフリーダンは、記事を雑誌社に次々と持ち込むが、片っ端からボツにされる。「女性誌の目的はただひとつ、膨大な新製品を主婦に売ることで、この目的に反するものは、つまりそうした製品を使っている主婦の幸福に疑問を投げかけるものは、一切掲載されないのだ」。ところが、出版社に持ち込んでみると、すぐにゴーサインがでる。「書籍出版は、雑誌とは経済的な図式が大幅に異なる。書籍の場合は、広告収入に頼るのではなく、アイディアが勝負となる。その内容が物議をかもすものであればあるほど、人々の注目を集め、売れ行きにもつながるのだ」。こうして生まれた『新しい女性の創造』は、世界のフェミニズムの動きに火をつけ、世界的ベストセラーとなり、今や女性学のバイブルとなっている。

映像理解は制作体験から

ところで、メディアの授業が充実した楽しいものになるかどうかは、教師の熱意、経験、創意・工夫に負うところが少なくない。ロンドン市内のイズリントン高校のウェンディ・ヒューイング先生のクラスは、まさにこうした条件が揃った恵まれたケースだ。

「メディア研究の開設が決まった一〇年前に、学校側から担当するように言われました。それまでは、国語しか教えたことがありませんでしたから、私に「原子力を教えるように」と言われたようなものです。ところが、大学でコースをとったりワークショップに通っているうちに、メディアが重要な科目であることは間違いない、と確信するようになりました」とヒューイング先生。今や彼女も、教師たちに教授法を手ほどきするほどのベテランだ。

メディア上級には、メディアを使った制作も含まれているが、私が訪ねた日は、生徒たちが待ちに待ったビデオ撮影に入るところだった。撮影の準備段階として、ヒッチコックについて勉強し、彼のテクニックを真似て短編ストーリーを作り、それを絵コンテにまとめる作業までは終わっている。カメラアングルについても勉強済みだ。誰もが楽しみにしていただけに、クラス中が興奮気味で落ち着きがない。

先生のすすめで、私も撮影チームのひとつに加わった。我がチームは「妻が夫を後ろから追いかけて殺す」という四コマのストーリーを廊下で撮影する。絵コンテでは、手袋をつける妻の手のアップから始まり、それから妻が夫の後ろをつける。ところが、撮影に入ったところで、最初からつまずいた。二人をいっぺんに後ろから撮影しようとしたものの、そうなると二人が小さく映りすぎてインパクトに欠けるのだ。

議論が続いて作業が中断したものの、「一人ずつを前後別々から撮って、最後につなげればいいじゃない？」と、メンバーの一人が言うと「あ、そっか」と残りがあっさり同意。そこで仕切直しとなり、とりあえずたくさんのショットを撮って、後で編集することにした。

まずは夫が歩いているところを、前と後ろから別々に撮影する。それから、妻を同じように撮る。今度は、カメラ担当がカメラを担いでひとりで歩きながら撮影する。こうすれば、歩いている夫の目線からみたショットが出来上がる。こうしたシーンはテレビや映画でもよく使われるが、私もこの授業を受けて以来、テレビや映画のシーンがどう撮影されているのかを、考えるようになった。向かい合っているように見えるシーンひとつにしても、実は別々に撮影していることも多いのだ。

撮影メンバーのひとりマルミニー・マニーさんも、映像が作られる過程を知って、ためになったと言った。「人が歩くシーンを撮影するだけでも、いろいろな選択肢があるのがわかりました。こんな短いシーンは一発で撮れると思っていたのに、そうじゃないんですね」。

ラフな撮影が終わったところで、モニターで映像をチェックすることになった。他のチームの作品を見ても、たしかに映像はどれも細切れで、ふだん完成品として見るテレビや映画の「美しい」ものからはほど遠い。絵コンテと違っていたり、頭が切れていたり、ぶれていたりとさんざんな映像が続くが、教室は相変らず盛り上がっている。

「映像を理解するカギは、実際に作ってみることです。作品は、結局は細切れの映像をつなぎ合わせたもので、それを編集して初めて一連の動きになるのです。ところが、生徒たちは最初はそれがわからないので、順番に撮るものだと勘違いしたり、見慣れたものとのあまりの違いに驚くのです」と、ヒューイング先生は言う。

中には授業で学んだことをマスターすれば、テレビ局に就職できると勘違いする生徒もいるらしい。「授業はあくまでも、メディアを理解することが目的で、制作テクニックを学ぶものとは全く違うのですが……」と苦笑する。ヒューイング先生が指摘するように、作品を作ることではなく、映像に対する批判的理解を深める点を学習することこそが、従来からあるビデオ制作との違いだと言える。

この高校では、メディアの授業を選択する生徒が多く、現在、一〇以上のクラスがある。教師たちは、メディア研究上級レベルが大学入学資格試験の選択科目になっているため、伝統的な学科が苦手な子どもにも、大学進学のチャンスの道が開ける、と歓迎しているという。ヒューイング先生の授業はその中でも人気があるが、その秘密を聞いてみると、「子どもに身近なカルチャーを取り上げて、生徒に実際やらせてみるからでは」と自己分析した。「ポップカルチャーを楽しめない教師には、メディアの授業はきついですね。私は理解がある方だと思いますが、そうでないケースが多いのです。去年はミュージックビデオを作りましたが、面白かったですよ。こういうことを生徒と一緒にできないと、彼らも授業についてきませんね」。

トーに活動する英国映画協会(ＢＦＩ)だ。

3　メディア教育を支える英国映画協会

イギリスの教室に根づいているメディア教育だが、その発展を考える上で欠くことのできない団体がある。「公式・非公式の教育を通じて映像に対する理解を深めてもらい、それによって映像のすばらしさを知ってもらうこと」をモットーに活動する英国映画協会(ＢＦＩ)だ。

メディア教育のリーダー

本節に至るまでにも、調査データの引用先として登場してきたが、ＢＦＩは政府からの資金提供が財源の約半分、寄付金と独自収益が残りの半分を占める、いわば半官半民の団体である。活動の中心は、国立映画劇場や映画・テレビ・アーカイブ(保存機関)の運営、映画に関する調査・研究、教育、図書・情報サービス活動や出版事業などと幅広い。年間予算は三二〇〇万ポンド(約五二億円)、四五〇人のスタッフを抱える。設立は一九三三年と古く、こうした団体の存在からも、映画文化に対するイギリスの特別な思い入れが伝わってくる。

教育部門の教育プロジェクトは、メディア教育に焦点を当てた調査・研究、政策提言などで知られている。プロジェクトを率いるケリー・バザルゲッテは、八八年のカリキュラム導入の際に、メディア教育を取り入れるよう関連団体に積極的に働きかけ、また、メディア教育の理論的枠組み作りに尽力したことで知られている。団体の性格上、映像メディアに力を入れているが、広い視野からメディア教育に関する幅広い研究を行っている。九二年に公開大学と共同で開発した教員向け教材は、理論的かつ実践的だと高い評価を受けている。各地の学校で教員教育を行うほか、メディア教育の修士レベルの通信教育講座も開設している。

ロンドン中心部のオフィスにバザルゲッテを訪ねた時には、近く改訂になるという国語（英語）のカリキュラムの草稿に手を入れる作業をしていた。バザルゲッテは、政府のメディア教育に関する政策に対して、独自の政策案を提出するなど、これまでも政策作りに積極的に関わってきた。メディア教育では、世界のお手本として知られるイギリスだけに、どんな話が聞き出せるかとわくわくしながら質問を始めたものの、答えは意外に冷静で肩すかしを食った。

「海外からいらっしゃる方は、いかに我々が「進んでいるか」と期待されているようですが、イギリスでもまだまだ改善すべき問題がたくさんあります」と、現状に満足している様子は全くない。カリキュラムも具体性に乏しく、メディアの学習に費やされるべき時間数も明記されていないために、中にはメディアをほとんど教えない学校も存在するという。現在、国語の授業では、一―二割をメディアの学習に当てているのが典型的な例だが、さらに多くの時間が費やされるべきだと訴える。「今後の課題は、カリキュラムをより充実させ、学習評価を改善し、学び手のレベルや興味にあった教育がされるよう教員研修を充実させることです」とバザルゲッテは意欲的だ。さらに、教材に使う映画のタイプもこれまでのようにメジャー映画ばかりでなく、独立プロダクションによる低予算映画など、新しいタイプの作品を取り入れて、多様性を持たせるべきだという。メディアの選択科目にしても、生徒数は増えているものの、全体の割合でみると、一四―一六歳の四％、一六―一八歳で二％に止まっているが、これでは少なすぎるというのが彼女の見方だ。

批判能力は映画産業にプラス

一方、BFIはビジュアル主体のコミュニケーションが進行するなかで、動画を理解することは二一世紀のリテラシーの基本であり、動画を理解するための教育を強化する必要があるとして、九九年には「動画を大切なものに」という報告書をまとめ、動画教育をカリキュラムに明示するよう訴えている。

「動画の影響力は、映画、放送、ビデオ、インターネットを通して拡大する一方です。動画が社会のコミュニケーションの中心になるにつれて、市民が民主主義に参加するためには、動画を理解することがますます大切になってきました」とバザルゲッテは語り、メディアごとの垣根を越えて、映像に対する批判的な理解を深め、デジタル・テクノロジーを利用した創造的な能力を身につけることが、今後ますます重要になると指摘している。

報告書がユニークなのは、動画を理解することは、映像作品をより深く理解し、鑑賞眼を養い、ひいては映像産業を活性化させることにつながるため、長期展望から将来を担う子ども達に向けたメディア教育の充実が必要だ、と訴えている点にある。この報告書は、九八年に映画政策批評グループが、政府の文化・メディア・スポーツ局に依頼されて作成した調査報告書の延長線上にあるが、そこでは、「イギリスの映画鑑賞者は諸外国に比べて冒険心が少ないため、あらゆる年齢とレベルを対象に幅広い教育を時間をかけて行い、シネ（映画）・リテラシーの育成を行うことが必要であり、シネ・リテラシーを身につけた映画文化を真に楽しむことができる聴衆は、映画市場を活性化させ、映画制作者、配給者の競争力を磨き、イギリス経済にもメリットがある」と結論づけている。つまり、動画教育の強化は、文化を育成し産業政策の面からも必要だと考えられているのだ。バザルゲッテによれば、今回の政策提言は教育界・映画業界などの関係者に広く受け入れられたという。「メディアを理解した人はメディアの良き理解者になってくれる。厳しいことを言うかも知れないが、制作者のジレンマがわかり、高度な芸術性もわかるようになる」と報告書はうたっている。

イギリスでも、多メディア・多チャンネル時代を迎え、映像作品の配給先は増加している。バザルゲッテは、シネ・リテラシーを身につけた新しい人材が、多様な映像作品をもたらすことにつながり、それが文化や産業に恩恵をもたらすことを期待している。

こうしたバザルゲッテらの積極的な活動は、メディア教育で大きく遅れを取った観のある、あるアメリカの研究者を唸らせた。「アメリカに、ＢＦＩのような組織さえあれば……」と、彼は羨むばかりだが、逆に考えれば、アメリカのメディアが世界を席巻する中、イギリスが現代文化の中心である映像メディアと積極的に取り組む姿勢は、危機感の表れとも取れなくない。いずれにせよ、こうした団体の存在は世界でも稀であると同時に、それがイギリスのメディア教育の強みになっていることは間違いなさそうだ。

世界初の動画博物館

ＢＦＩの活動はさらに幅広く、調査・研究だけに止まらない。ロンドン・テームズ川南岸のサウスバンク地区にある、国立映画劇場や巨大スクリーンで立体映像が楽しめる映画館アイマックスなどが建ち並ぶ「映像教育装置」とでも言えそうな博物館群の運営も行っている。そのなかでも、メディアを楽しみながら学習できるのが、世界初の「動画博物館」だ。ここでは、見学者が書いたアニメを動画にしてくれる部門や、映像を合成してスーパーマンのように空を飛ぶようにみえるクロマキーの技術も体験できる。また、過去に検閲された映画とその理由を説明するコーナーなど、動画の舞台裏が幅広く公開されている。博物館では、学校のカリキュラムに即した教師と生徒のためのイベントも頻繁に開かれる。メディア上級向けの、「ポップミュージックのプロモーション」についての試験対策イベントでは、音楽業界の専門家が講師をつとめていた。動画博物館は、デジタル化に対応するため現在は改装工事中だが、デジタルメディアを駆使したインタラクティブな展示が数多く加わって、二〇〇三年頃に新装オープンする予定だ。

映画と教育の橋渡し

一方、ＢＦＩとも関係の深い、映画産業により設立された「フィルム・エデュケーション」は、学校と映画産業を結びつけ、教育現場で映画が活用されるように、様々な教材作りを行っている。ビデオとテクストからなる「映画の言語」は、ライティング、色使い、カメラワーク、編集などの映像に関する文法を、様々な映画を例に見ていく教材だ。最新映画のマーケティング戦略やディズニーのアニメーション「ターザン」を取り上げたもの、映画の音声効果について学ぶ教材など盛りだくさんだ。手続を済ませば、教育関係者には教材が無料で郵送されるが、現在、二万一〇〇〇人の登録者がいるという。取材で訪ねた学校の大半も、この団体の教材提供を受けていた。著作権処理が済んだタイムリーな教材は、授業に役立つと好評だ。映画素材をもとにしたビデオ作品の制作や、専属教師たちによる学習ガイド作りが活動の中心だが、映画関連イベントや教員向けのトレーニングも開催している。九四年からスタートさせた、「インシネマ・プロジェクト」は、各地の映画館と教員を結びつけ、映画につい

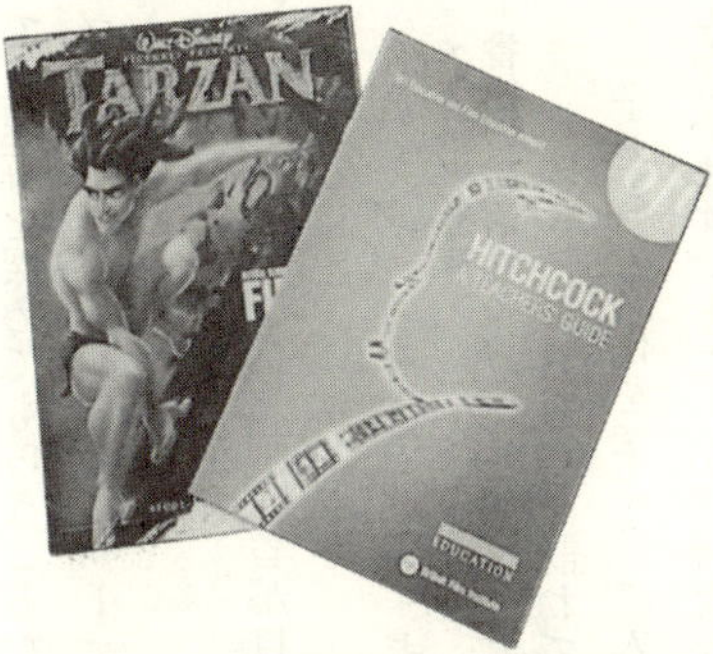

フィルム・エデュケーションは，最新映画にそくした教材からクラシックまで，幅広いジャンルの映画教材を無料で配布する．

ての理解を深めてもらうことを狙いとする。教師が地元の映画館の協力を得て、映画をみたり、プレス用資料をもらってマーケティングについて学ぶ機会も得ることができる。

4　テレビ制作者が見たメディア教育

メディア教育番組の政治性

それでは、イギリスの放送局は、映画のようにメディア教育に対して何か特別な支援を行っているのだろうか。優れた教育番組の制作で知られる、公共放送BBCを訪ねてみた。

「子どもが文化を学ぶのは大事なことですから、その意味ではメディア教育は非常に重要だと思います。ところが、残念なことに、メディアは、数学や理科のようにカリキュラムの中心ではないので、私は個人的には興味があっても、番組作りはなかなか難しい事情があります」。教育番組部のポール・ロビンソン副部長から、こんな答えが返ってきた。

メディア教育関連では、二〇〇〇年には、カメラ、編集、ライティングなど映画の基礎の学習や、映画のマーケティング、古典作品が映像でどう表現されているかなどを検討する番組や、ビデオに録《と》って授業で活用できるよう明け方に放送されている「ラーニングゾーン」という番組枠で、数回にわたってメディア関連の番組が放送されているが、その数は決して多いとは言えない。

ロビンソンを訪ねたのは、メディアに携わるプロの側から見て、メディア教育の正当性をどう思うのかを聞いてみたかったこともある。取材の数日前に、タイミング良くBBCと他局のニュースを、情報源や映像の選択、編集方法などから比較・分析した授業に参加していたので、その時に使ったプリントを見てもらった。

「テレビ業界の人は、メディア教育をあまり信用していないと思いますね。一方的に批判されるだけで、分析は実際と全く違っていることも多いですから」

ロビンソンから見れば、メディア教育は物事が決められていくプロセスを学ぶことこそが重要で、出来上がったものを一方的に分析するだけでは現実的ではないという。メディアを学習することの大切さは認めるが、その方法に改善の余地があるというのだ。そこで、番組に使われなかったものも含めて素材を提供し、生徒たち自身が様々な選択をしながら制作にかかわれるようにすることが、メディアを理解する上で最も有効だと言う。

「放送されなかった素材を提供するのは、かなり難しいのでは?」と聞いてみると、特にニュースは政治問題化しやすい面があるために、現実的には無理だという。たとえばボスニアやコソボ報道でBBCが悲惨な映像をカットしたところ、「弱腰だ」と批判されるなど、とかくニュースは政治問題化しやすい事情があるからだ。それに加えて報道の世界は競争が激しく、メディア教育の基本概念である、「ニュースは作られたもの」などと言ってしまえば、信用にもかかわるために、報道部からはかなりの圧力がかかるだろうとロビンソンは予想する。ドラマも番組になるまでには、編集の手がかなり加えられているが、ニュースに比べて政治性が低いため、ドラマなら何とかなるかもしれないと言う。

いずれにせよ、いくらロビンソンのようにメディア教育の大切さを認識し、その方法論があっても、メディア自身が自らの手の内を見せるのは、かなり難しいようだ。

テレビの見られたくない部分

ロンドンでは、BBCとは全く異なるタイプの革新的な放送局「チャンネル4」も訪ねてみた。既存のテレビ局が扱わない少数意見や抑圧された人の主張を伝え、より多様で幅のある政治的・社会的視点を提供するために開局された「もうひとつの放送局」である。硬直化せずに斬新で多様性のある番組作りが可能になるよう、制作は全て外部に任せ、局が直接制作に携わらないのが特徴だ。この局では、メディア教育についてどう考えているのだろうか。

学校番組部ポール・アッシュトン部長は、国語教師出身というユニークな経歴を持つ。教員時代にメディア教育に関わる機会があり、「プロデューサーになれば、メディアをテーマに番組を作れるかもしれない」と、教職生活に見切りをつけてBBCに転職した。ところが、一九八二年にチャンネル4が開局すると、BBCの硬直した番組作りにうんざりして、ここに移ってきた。オフィスには、数々の番組に対して贈られた、トロフィー、盾、賞状などが所狭しと並んでいた。「この局では、他で取り上げていないことが優先的にできます。全番組の二〇％は公共サービス番組と義務づけされていますが、メディア教育番組はその枠内で制作していま す」と、アッシュトン。

インタビューに訪ねた時には、映画「００７」の最新作の舞台裏に迫った三回シリーズの番組の制作中だった。「映画のプロモーションにもなりますから、映画会社も全面的に協力してくれました」とアッシュトンは言う。両者のメリットになることが、番組作りの秘訣らしい。一回目は、脚本、資金、ロケハン、配役、デザイン、絵コンテに焦点をあて、二回目は二、三のシーンに特化して、カメラワーク、コスチューム、デザイン、ライティング、スタントワーク、特撮を紹介、三回目は、編集、音声、音楽、マーケティングやキャンペーン戦略を追っていき、映画が作られる過程を詳細に示していく。面白くてためになる、まさにアッシュトンが理想とする番組だ。「メディア教育番組は何と言っても面白くなくてはいけない。メディアについて教えるのは、メディアの裏を知り尽くした私たちが最もふさわしい」と言う。

九九年に放送された関連番組には、歴史をメディア教育の視点から振り返るシリーズがある。第一次・第二次世界大戦中のイギリスで、女性が兵器工場で働くことを奨励するドキュメンタリー。女性は家庭に止まっているのが幸せ、という価値観を伝えるナチスのプロパガンダ映画。

さらには、戦後、移民を引きつけて労働力不足を解消するために、移民の成功をドラマチックに描いたイギリスのテレビドラマや、戦争が国益にかなうように、各国でそれぞれ「事実」がどう報道されたのかを比較したものもある。番組はビデオ化され、それに沿った学習ガイドも作られるため、教師たちが授業に活用できる。

しかし、チャンネル4が制作した番組には、映画や歴史的な作品が多く、テレビを素材にしたものがほとんど見あたらない。その点をたずねると、この局でも、テレビを批判的に見るための番組作りをするのは難しい事情があるという。「これまで手がけてきた番組も、映画を批判的にみるものが大半で、テレビ番組はほとんどありません。たしか、広告とメロドラマを、ほんの少しやったきりです。率直に言ってテレビ業界の大多数は「批判的な視聴者なんていらない」というのが本音です。批判的な視聴者ほど恐ろしいものはないですからね」。

それから、アッシュトンは、こんな例を持ち出した。

「以前BBCが「オペラハウスの舞台裏」という番組を作ったことがあります。ところが、美しくて華やかなオペラのイメージとは違って、リハーサルでは怒鳴り合ったり、議論しながら練習が続いていく。それはそれで面白いのですが、オペラの美しいイメージを壊してしまうような部分は、オペラハウスとしてはやはり見られたくない。それで、後になって番組に大変なクレームがついたらしいのです。それと同じように、テレビにはテレビの見られたくない部分があるのです」と、ジレンマを語る。

メディア教育を理解していて、しかも制作者の立場でもあるアッシュトンは、メディアを考えていく上で示唆に富む話をしてくれた。

学ぶもの多い制作者の視点

「生徒たちは、メディア教育から、一般のテレビ番組を批判的に見ることを学んでも、メディアを批判した番組は、なぜか鵜呑みにしてしまいがち。批判番組も批判的に見る必要がある」

実際、私自身もアッシュトンが指摘するように、批判的な番組に無批判な授業に、何度も遭遇していただけに、彼の言葉に大きく頷いた。番組を使って理解を深めることと、番組自体に検討を加えることは全く別の作業であるにもかかわらず、メディアが批判されているからといって、番組をそのまま受け取っては、メディア教育の狙いが台無しになってしまう。ある高校で取材した時には、広告を批判したビデオをみて、ディスカッションが行われたが、教師や生徒たちは番組で言われていることをそのまま受け取って、そのビデオが広告の問題を指摘することを目的に作られ、制作者の趣旨にあったエピソードや取材源が重点的に使われている点などには触れられず、批判番組に関しては全く批判の目が向けられていなかった。また、教育実習中のある大学生は、現代のメディア社会を辛辣かつコメディタッチで描いた映画「トゥルーマン・ショー」を教材に、メディアの授業を行うと言っていたが、それは映画を分析するのが

チャンネル4の学校番組部部長のポール・アッシュトンは元国語教師の経験を生かして，メディア教育関連の番組作りに取り組む.

目的ではなく、メディアに対する理解を深めてもらうために映画を使うようだった。アッシュトンが指摘する点は、メディア教育がメディアを使って教えることと、メディアについて教えることが未だ混乱していることを物語っているように思える。

もうひとつの重要な指摘は、自然・動物やスポーツをテーマにした番組も、無批判に見られがちだという点だ。野生動物を扱った番組なども、カメラの配置から、編集までかなりの手が加えられている。「動物は、テレビでみるほどドラマチックな生き方をしているわけではありません。スポーツもありのままを中継しているようにみえますが、「現実」そのものではなく、かなり編集されています」。テレビが映し出す野生動物は、動物の日常生活からはほど遠く、スポーツも、数台のカメラが試合を追い、カメラを切り替え、どんなアングルから、どれくらいの範囲を映すのかなど、視聴者は、作り手側が演出したゲームを見ていることは知っておいてもよいという。こうした指摘は、メディアの現場に携わる人ならではのものだろう。それだけに、教育現場と業界の両方を知り尽くしたアッシュトンのような人物が、その経験を生かしてメディア教育に欠けている視点をどんどん提供することが望まれる。

アッシュトンは、メディア教育を今後も支持し、時期が熟せばテレビ番組を批判的にみる番組も作りたいと考えているが、その一方で今の子ども達はテレビに関してはすでにかなり多くのことを理解しているのではないかとみる。「私の息子はまだ一〇歳ですが、「この番組の黒人の描き方が良くない」とか、「バイアスがある」とかテレビを見ながら画面に向かってぶつぶつ言い返しています。息子のようにテレビに向かって批判的なことを言うのは、今の子ども達が最初の世代だと思います。我々の頃には、テレビは批判するような対象ではなかったのです。子ども達が批判的な目を養うことは、制作者にとってはプラスです。複雑なストーリー展開や洗練された映像テクニックがわかる視聴者がいることは歓迎すべきことです」とアッシュトンは言う。「子ども達が自分の手でビデオ作品を作るのも簡単になっています。これからテレビは、どんどん変わっていくと思います。この先が楽しみですね」。

5　学校改革を考えるきっかけに

教材開発

「メディア教育の成功のカギは、しっかりとしたカリキュラムの存在に加えて、優れた教員教育と教材にある」。メディア教育の実態を、教育現場をベースに徹底的に調査しているサウザンプトン大学のハート教授は自らの経験からこう語っているが、「イングリッシュ&メディアセンター」は、まさにこの指摘のうちのふたつを請け負う団体であると言える。言語、文学、メディア、テクノロジーなどを教えるにあたって、教師がタイムリーで効果的な題材を使えるように、様々なアイディアを提供する。主な活動は教材開発、教員訓練、教師向け雑誌の発行で、代表を務めるジェニー・グラハムは、七〇年代からメディア教育を取り入れてきた、先進的な学校で教師を務めてきた経験豊かなベテランである。

「教師たちは、メディアについては大変よく理解していますが、それを授業でどう教えればよいのか、具体的なところが全くわからないのです。メディア教育というと、ロミオとジュリエットのビデオを見せて終わり、というケースもいまだにあるのです。我々の役割は、教師たちが自信をもって教えられるように、実践的な教授法を提示することです」

教材は授業のカギになるだけに、開発には多大な時間と労力が注がれている。新聞・テレビなどニュースをあらゆる角度から分析する教材「ニュース・パック」を始め、コカコーラやネスカフェから新聞社、政治キャンペーン、教育団体や環境団体グリーンピースのコマーシャルなど、あらゆるタイプの宣伝広告を分析するビデオと学習ガイドからなる「広告パック」も手がけた。商品を売る目的の企業コマーシャルだけでなく、支持獲得や一定の考え方に同意を促すような広告に対しても分析を加えるなど、教材が扱う範囲は幅広い。

他にも、トニ・モリスンら現代を代表する作家にインタビューし、小説の登場人物や場面設定の意図などを聞き出す一方で、本が作られるプロセスや文学賞の意味、出版業界について編集者もインタビューに登場して解説を加え、本というものがいかに作られたものであるかを、ひとつひとつ解きほぐしていくビデオ教材もある。若者向け人気ドラマやメロドラマを、メディア教育の理論的な枠組みを使って読み解くものもあり、教材はどれも創意工夫に満ちている。教材は、イギリスはもとよりオーストラリアやアメリカの学校でも利用され、数々の賞を獲得している。

グラハムは、教材開発のポイントは、メディアができあがるプロセスがわかる内容にすることだと言う。また、制作の途中では、何度も学校に赴き教師たちの反応を聞く。「教員のニーズに合わなければ意味がないでしょう？　教師が一方的に講義するようなものでなく、生徒に考えさせる内容にすることが大事です」。

頭痛の種は、著作権の問題だという。前々から、子ども達に人気のトークショーを題材にした教材を作りたいと思っているが、人気スターが登場するものなどは、映像を手に入れること自体が難しく、また、仮に手に入ったところで使用料が桁外れに高いことが悩みだという。

教材開発に対する情熱は、教員トレーニングにも同様に注がれている。BFIの調べでは、七五％の教師たちがもっと訓練を受けたいと考えているが、グラハムも、メディアは数学などのように確立した科目と違い、扱う範囲が広いうえ、ビデオカメラなどのテクノロジーを使いこなし、さらに動きの早いメディアの世界に対応しなければならないために、現実に即したトレーニングが不可欠だという。とりわけビデオ制作は映像を理解するために必要だが、BFIの調査結果では、国語の授業に取り入れているのは二三％にとどまり、その原因は訓練不足にあると見られている。マルチメディアを使っての制作は九％で、テクノロジーを使いこなすための訓練も今後の課題だ。せっかくメディアを教えているのに、活字教材ばかりを使っていては、効果が上がらないのは明らかだからだ。

実践的な教員トレーニング

センターの一年制のメディア・コースでは、メディア・リテラシーの基本理論に始まって、映画、音楽、ニュースから、カリキュラムの開発まで幅広く学ぶことができる。メディアが道徳に及ぼす影響や、ホラー映画について考える回もある。無事にコースを終えて、調査研究のレポートを提出すれば、修了証が授与される。短期コースも開設され、インターネットなどニューメディアをどう使うか、ビデオの使い方や編集方法、メディアをどう教えるか、などをテーマに一日から二日間のクラスもある。

プロの教師に混じって、私も一年制のメディア・コースに参加してみた。

ある木曜日の午後五時五〇分。仕事を終えた教師たちが続々とセンターにやってきた。観葉植物が所狭しと置かれた一階のリゾート風の部屋では、授業開始までのひとときをコーヒーとクッキーで楽しみ、部屋には教師たちのリラックスした声がこだます る。参加者は、教職に就いて二―三年の若手が多く、学校が新人教育のために送ってくるケースが多いが、なかには自腹でやってくる熱心な若い教師もいた。年配の教師はほとんどいなかったが、その理由は、一般的にこの世代は、生徒が古典文学や芸術にふれるのを好む傾向が強く、また、メディアの知識に関しては、子どもの方が勝るため、生徒との立場が逆転してしまうのを恐れて、メディアの学習を重要視しない傾向が強いからだという。

「イングリッシュ＆メディアセンター」でカメラを使った実践的な授業を行うための講座を受ける教師たち．右は，講師のジェニー・グラハム代表．

授業は極めて実践的で、参加者は関心別に「短編ドキュメンタリーを見て、文化やアイデンティティーなどの観点から、映像がどう作られているのかを話し合う」「六〇秒のビデオ作品を作る」「詩を映像で表現するビデオ・ポエムの制作」の三つのグループに分かれた。クラスにバリエーションをつけるのは、各自が自分に合った題材を選べるよう配慮した結果だ。

私は、ビデオ・ポエムのチームに加わった。

課題は、詩を読んで解釈し、あらかじめ準備された七〇枚ほどの大判のイメージ写真から約一〇点を選ぶ。イメージを順番に撮影し、最後に詩を朗読してナレーションを付ければ出来上がりだ。課題の詩は、六二歳の男が少年時代に闇が嫌いだった、と振り返ったもの。まずは、グループ内で、詩の解釈をめぐって議論が別れた。センチメンタルな回想という人もいれば、ユーモラスだと譲らない人もいる。イメージ写真には、道に転がる死体。ベレー帽をかぶってタバコを吸う老人。鳥が男の後ろで不気味に飛び回る。マントを広げた男。やせこけた少年。――どれも、詩の中に出てくる言葉にかかわるものだ。

ビデオ・ポエムは、含蓄に富むレッスンだった。言葉を映像にするということ、映像が持つ意味、活字と映像という表現方法の違いが詩の解釈をどう変えるのか、など色々と考えさせられることが多かった。

「これって、小説を映画化するような作業に似てないかしら？　結局、映像って、我々がそれぞれ自分でイメージするものを、誰かが代わりにやってくれるから、それだけ解釈が限られてしまうということね。それにしても、活字から映像の転換って大変な作業だわ」

メンバーの一人がさりげなく言った言葉に、私も思わず頷いた。

全体での質疑応答では、講師のグラハムがビデオ・ポエムに関するアドバイスもしてくれた。

「バックグラウンド・ミュージックをつけて、それを色々と変えてみると、また違った印象になるし、クラス中で同じ詩を使ってそれぞれにイメージを作らせれば、どれもが全く違ったものになるでしょう。それを比べて詩の解釈と映像表現の違いをみるのも面白いと思いますよ」

私は、作業の順番を逆にして、映像を用意しておいて、それをもとに生徒に詩を書かせ、オリジナルの詩と比べさせるのも面白いと思った。参加者はそれぞれ、授業で使えるアイディアを思いついたようだ。

高校教師のボビー・ブランクマンは、メディアの授業を担当することになったため、学校から急遽送り込まれたという。「ここで取り上げるテーマは、とても実践的で、そのまますぐに授業で使えそうなのがとても良いです」と感想を語る。

ここでの講座をきっかけに、メディア教育に目覚めた教師は少なくない。高校教師のバーナード・ブライティスは、センターを「卒業」後、さらに研究を続けるため、教職のかたわらロンドン大学教育大学院でメディア教育の修士号を取得した。ブライティスは、例のＢＢＣのニュースを分析した教師だ。今では自信たっぷりにみえるが、「最初は何をどう教えてよいのか全く見当もつかなかった」と振り返る。そう考えると、センターはメディア教師のための孵卵器になっているとも言えそうだ。

試験方法に問題

ところで、メディア教育が直面する最も深刻な課題のひとつに、成績の評価をどうするのかという問題がある。先に紹介した香水の広告の授業を担当していたカニング先生は、学科の人気が年々高まり、生徒たちは授業を心から楽しんでいるが、「メディア研究の最終試験は、メディアに対する幅広い理解力が要求されるため、生徒たちには大変だと承知でも、試験に向けて理論学習を強化していかなければならない」とジレンマを語る。自由な発想を尊重するメディアの授業が、試験によって大きく制限されているという現実があるのだ。

メディアの最終試験は、担当教師ではなく専門家からなる委員会が採点に当たるが、そのメンバーからさえも、筆記中心で難解すぎると言われている。委員会のメンバーでもある「イングリッシュ＆メディアセンター」のグラハム代表も、現行の評価方法は改善すべき点が多いとみる。「論文で理解度が判断されるため、メディアについて理解できていても、それを上手く書けなければ良い評価が得られません。採点は難しく、審査官の中でも意見が分かれることが

表 3 「メディア研究上級レベル」の試験問題の一部

生徒は，以下のテーマから三つを選んで，小論文にまとめなければならない． ＊テレビ広告とスポンサー　＊インドあるいはアフリカ映画　＊女性誌　＊イギリス報道機関の自由と規制　＊1990 年代の大衆文化 ＊メロドラマ　＊ハリウッドのスタジオシステム（1930-1959） をはじめ合計 13 のテーマから ──○──○──○── 問題の詳細（一部） ＊1960 年代のイギリス映画 1960 年代のイギリス映画において，階層，ジェンダー，セクシャリティ，年齢，障害者，人種，国・地域のアイデンティティのいずれかが，どのように描写されたのか，その際だった特徴を論じなさい ＊ポップミュージックと他のメディア 何がミュージックビデオを，他のメディアと違うものにしているか ＊スポーツとメディア 「スポーツがメディアに取り上げられるのは，利益を上げるという理由からでしかない」．例をあげて，これが本当かどうか述べなさい ＊メディアとメディア所有の将来 「少数のメディア巨大企業による権力の集中化は，表現の自由や選択の自由を制限する」．どの程度，同意するか

Cambridge Linear Syllabus/Certification in 2000. から

多いのが実態で、評価は非常にあいまいです」と語り、今の子どもは文章よりも、ビジュアルで表現した方が良くできる子どもが少なくないだけに、作文以外の評価方法の導入が検討課題だという。

現場の教師にも話を聞いてみたが、「メディアの試験は難しい。理解したことを表現するために高度な作文能力がいるが、書いた物で判断するのが理解力を評価するのに適当だとは思わない」「ビジュアルなら上手く表現できる生徒が多いのに、それが認められない」といった意見が多かった。

こうした評価方法を、「活字中心の教育制度の弊害を象徴する」と批判するのは、ロンドン大学教育研究所で記号論や言語との関係からメディア教育を研究するガンサー・クレス教授。「知識のインプットとアウトプットはもはや活字のみに限られたものではない。世の中のコミュニケーションが圧倒的にビジュアル言語を通じて行われているのに、教育現場ではいまだに書き言葉あるいは口承による教育がメインとなっている」として、活字一辺倒の教育から脱皮し、ビジュアルをはじめ多様な言語の読み書きを強化すべきだと訴える。「現在の国語は、まだまだ時代遅れであり、今後もさらに進化していかなければならない」。

活字偏向から脱却を

さらにクレス教授は、「活字には多様な解釈が可能だが、ビジュアルは、個人のイマジネーションの代わりに、誰かがそのイメージを描き出したものだ」と言い、映像は活字よりもパワフルで決定的なイメージやイデオロギーを与え、活字とは全く違った働きをするため、電子・視覚情報に囲まれて育った現代の子どもは、ものの理解のしかたも「活字世代」と異なると言う。新聞・雑誌をはじめ教科書でさえ、過去二〇―三〇年の間にビジュアル化が進んでおり、写真、イラスト、表、図などがふんだんに盛り込まれ、活字だけでなくイメージが内容を語るようにさえなっている。

教授のこんな言葉は、取材で知り合った一〇歳のトム・スワイネージャーメンソンのことを思い出させた。彼は、「テレビが大好き。ラジオだとビジュアルがないし、本を読んでもそのイメージが描けないから」と言っていた。

しかしながら、学校現場で改革が進むことはあまり期待できない、とクレス教授は言う。「理由は明快です。書き言葉はエリートのコミュニケーション手段だと考える良からぬ伝統が今でも深くはびこっているからです」。

先のバッキンガム教授も、「教育は本来、社会の新たな動きに対応すべきものなのに、教育は非常に政治的なもので、現状を変えることに保守勢力が反対し、教育政策がなかなか変わらない」と指摘する。伝統的なカリキュラム以外のものに対する抵抗感も強く、九二・九三年には政府がメディア教育をカリキュラムから削除することを検討するという危機に立たされたこともあったのだ。

それに加えて、メディア教育は、その定義付けが難しく、職業に直結するわけでもなく、いまだに科目として重要視されていない事実がある。「伝統的な国語や数学、理科などは最も格が高い科目ですが、メディアは特にそう見なされていません。どちらかといえば、無駄なものだと思われている」とバッキンガム。

確かに取材中、生徒自身はメディアの授業をためになるものだと考えていても、親は必ずしもそうではない、と言う生徒に何人も出会った。ある高校生は、「父は「コンピュータでも習った方がよほどためになる」と言ってなかなかメディアの授業を評価してくれない」と嘆いていた。

面白いのは、メディア教育に積極的に取り組んでいるのは、労働者階級の子どもが多く通う公立学校が多いという点だ。トニー・ブレア首相の子息が通う名門校の教師と研修をともに受けたというある教師は、ブレア君の学校の教師が「こんなことを勉強するなら、古典を教える方が意味がある」といった反応でメディア教育には全く関心を示さなかったと言い、こうした反応は何も珍しくないと付け加えた。チャールズ皇太子も、国語には大衆文化よりも伝統文学を加えることを希望しているといわれている。メディア教育の歴史で常に問題になってきた、高級文化と大衆文化を分けるという考え方は、昔に比べて少なくなったとはいえ、今でも根強く存在しているのだ。

こうした問題から少し離れるが、取材中、映像を理解することが、活字の読解の向上にも貢献すると語る教師たちにも数多く会った。実際、こうした点を指摘する調査結果も複数発表されているが、私自身、メディア・リテラシーの取材や研究を通して、映像の理解を深めるにつれて、ここ数年で本の読み方が変わったことに気がついた。その理由は、活字で表現されていることを、頭の中でどうイメージしながら読んでいるのかを、意識するようになったからだ。読書について論じられた『読むということ』(和田敦彦著)の後書きが、こうしたプロセスを考える上で参考になる指摘をしている。和田は、我々が読書をする際には、無意識に活字を映像化して読んでおり、そのプロセスに映画やテレビが影響しているというのだ。

「結局現在の読み方は多かれ少なかれ映画やテレビジョンのコードによってプログラムされているからだ。否応なくテレビ的に読み、映画的に既に読んでいるとさえ言える。そして例えば明治、大正期の読み方とそれは決定的に異なっているのは当然のことだ」。「むしろ問題は読んでいる時にカメラが回っていることに気づかぬこと、何気なくテレビドラマや映画の文法を利用しつつそのことに気づかぬこと、そしてそれらテクノロジーの約束事の介在なしに自分が想像し、読んでいると思いこんでいることだ」

和田の見方が本当であれば、映像のリテラシーを強化することは、活字のリテラシーとも深く関わってくることになる。

新世代の登場で進化

ところで、いまだに存在する大衆文化に対する偏見も、メディア教育の重要性を認識する若手教師が増えるにつれて、現状は少しずつ変化してきている。次世代を担う、国語教師の卵たちに話を聞こうと、メディア教育専攻科があるサウザンプトン大学教育学部で学生たちをつかまえた。二〇代前半の学生がほとんどで、中には高校時代にメディア研究を受講したという学生も何人かいた。そのひとりは、「今でも日常的に役に立っていると思うことが多いです。ですから、私もできるだけ時間をかけて、生徒たちにメディアについて教えたいと思っています」と言った。

いずれの学生も、メディアを教えることはとても重要だと、考えていた。テクノロジーに明るい現代の教師の卵たちは、「ウェブやビデオ制作なども授業でどんどん取り入れたい」「マルチメディアを使って、子ども達に制作もさせたい」と、分析だけでなく、制作にも全く抵抗がない。

マリオン・ブッドも若い世代の高校教師だ。イギリスでは、教職課程の授業でメディアについての講義が行われているが、彼女はそこでニュースを分析したことが、メディアに目覚めるきっかけになったという。「授業を受けて、自分がいかにメディアのことを知らないかを思い知りました」と彼女は振り返る。九三年には、メディア研究を教えるために、「イングリッシュ&メディアセンター」で講座を受講。その後、ロンドン大学教育大学院でメディアを専門的に学び、今では教壇に立つほか、メディア教師のアドバイザーもつとめている。ロンドン大学教育大学院では、メディア研究、メディア教育、教育におけるカルチュラル・スタディーズといった三つの修士コースがあり、メディア教育を担う人材を数多く輩出している。

ブッドの授業も見学したが、生徒と同じ目線に立った授業の進行ぶりは、生徒の間でも絶大な人気を誇っていた。しかし彼女は、予算や教員研修の不足がメディア教育の発展を阻止していると見る。ブッドの高校では、教師を研修に送り出す予算がないため、彼女が学校内で他の教師をトレーニングしているという。それでも、明るいニュースはある。ブッドをはじめ、メディアを学び、テクノロジーを使いこなし、何よりもメディアがもたらす恩恵と限界を理解した新しい世代が、専門性を身につけて徐々にリーダーシップを取り始めていることだ。

イギリス流メディア教育

ところで、イギリスを代表する研究者は、メディアの政治・経済的構造に注目するマスターマン、子どもに身近なメディア文化に注目するバッキンガム、映画を使って動画への理解を促進させたいバザルゲッテと、メディア教育に対する考え方もかなり異なっている。何がイギリスの特徴かを一言で言うことは難しいが、あえて言えば、イギリスではメディア教育の目的が、メディアを理解し、それによって文化を育むといった視点から捉えられていることである。BFIの調査でも、メディアを教えることは目の肥えたユーザーを育てることにつながるという意見が圧倒的で、メディアの悪影響から子どもを守るという見方はごくわずかだった。アメリカでは、メディアを有害なものだと捉え、それにだまされないためにメディアを学ぶ必要がある、という「保護主義」的な性格が強いのとは対照的だ。

また、他国に比べて、映画がテクストとしてよく使われるのは、BFIの存在と無関係ではないだろう。BFIは、文化・メディア・スポーツ省から助成を受けている機関だが、その活動目標が、映画文化を活性化させ、映画へのアクセスを高め、映像の教育を行うことであることを考えれば、メディア教育にも、映画の鑑賞教育的な側面が反映されているのも理解できる。

面白いことに、メディア教育の中心メンバーは、現在の活動の舞台は、大学、研究機関、NPO、放送局などと異なっていても、ほとんどが教師出身者だという点だ。こうした事実は、イギリス社会の柔軟性を物語ると共に、メディア教育を進めて行くためには、メディアに対する理解だけでなく、いかに教育現場や子どもを熟知していることが大切なのかを象徴しているように思える。

さて、イギリスでは、メディア批判の伝統をもとに、八〇年代からは、大学研究者とBFIがリーダーシップを取り、メディア教育を盛り上げてきたが、世界で初めてメディア教育をカリキュラムに組み込んだカナダ・オンタリオ州の場合は、何の後ろ盾も持たない教師たちによる地道な活動が、教育現場での実践に結びついている。カナダでは、メディア教育ではなく、メディア・リテラシーという呼び方がされ、イギリスとはひと味違った展開を見せている。

それでは、大西洋を西に飛んで、カナダでの取り組みを見てみることにしよう。

第2章

カナダに広がるユニークな実践

メディア教育世界評議会から，これまでの功績に対しての賞を受けたAMLを創設したバリー・ダンカン(左)と現会長のキャロリン・ウィルソン．(写真提供：AML)

1　教師たちの地道な活動が結実

メディアと地球市民

「私たちは今、グローバル・ビレッジ(地球村)に住んでいます。地球が狭くなって村に住んでいるみたいに、他の国で起こったことがすぐにメディアを通して伝わります。ところが、私たちが知っているつもりの世界も、実はテレビや新聞・雑誌などのメディアを通して見たり聞いたりした限られたものでしかないのです」

カナダ・オンタリオ州の高校で、バリー・ダンカン先生の授業が始まった。

生徒たちの机の上には、ダンカン先生が執筆した教科書が置かれてある。今日のテーマは「メディアと地球市民」。教科書には「我々が見たり聞いたり読んだりするものは、編集者の写真の選び方や映像の送り手のものの見方、書き手のものごとの捉え方に限られたもの」と書かれてある。

先生の説明が終わると、アフリカの飢餓からオリンピック開会式まで、短いビデオ作品七本が映し出された。注目する点は、制作者の意図、登場人物や映像の選択基準、カメラアングル、音声効果など。かなり注意を払わなければ、多くを見逃してしまうが、生徒たちは慣れた様子でてきぱきとメモを取っている。細長い机を生徒が囲み、大学ゼミナールのような雰囲気でディスカッション中心の授業が進んでいった。

世界初の制度化

イギリスが、長年にわたってメディア教育の研究や実践を積み上げてきた、いわば「発祥の地」であり、一九八八年、初の全国カリキュラム制定を機に、メディア教育が制度化されたのに対して、カナダ・オンタリオ州は、テレビ時代の商業主義に対する批判などから、比較的短期間に制度化が進み、イギリスに先んじて八七年に世界で始めて「国語」(英語)のカリキュラムにメディア・リテラシーを取り入れたことで知られている。

カリキュラムでは、七・八年生(中学一・二年)の国語の一割と、九年生から一二年生(中学三年生から高校三年生)の国語の三分の一をメディアの学習に当てることが制度化され、一一・一二年生(高校二・三年生)には選択科目として「メディア研究」が設置されている。九五年には、カリキュラムの改訂にともなって、一年生から八年生(小学一年生から中学二年生)の国語でもメディアが取り入れられるようになり、現在は、小学校から高校までの全学年で、メディアの学習が義務づけられている。(なお、オンタリオ州では、「国語」は、初等教育(一年生から八年生)では「言語(Language)」、中等教育(九年生から一二年生)では「英語(English)」と呼ばれている。)

カナダでも、イギリスと同様に、国語の学習範囲が確実に変わっている。

一年生から八年生までの初等教育の国語カリキュラムは、学年ごとに「書く」「読む」「口頭と映像によるコミュニケーション」の三つの部分に分けられ、メディアに対する能力の育成は、最後のパートに含まれる。ここでは、生徒たちが「多様な形態のメディアに触れ、分析し、話し合い、それを自分の経験に照らし合わせて考える」力を身につけることを狙いとしているが、とりわけ映像や動画を活字と同じように理解することに力を入れている。

その一部を拾ってみると、一年生では、写真や絵を使ってストーリーを作ってみる、アニメーションと現実との違いを区別する、二年生ではコマーシャルと番組の違いがわかる、三年生では、クローズアップやローアングルなど映像ショットの違いを学習する、などバラエティに富む。四年生では屋外広告、Tシャツなど様々なタイプの広告を見分ける、五年生では、ニュース、ドキュメンタリー映画、インターネット、CD-ROMなど、それぞれのメディアにおける情報伝達の特徴を考える、六年生では、情報の送り手による、誇張表現、偏った情報を見きわめる、などが含まれる。

九・一〇年生用のカリキュラムは、「文学研究」「読む」「書く」「言語」「メディア研究」の五つのパートからなる。九年生のメディア研究の授業例では、ドラマに描かれる家族と実際の家族がどう違うのか、本の表紙デザインを分析する、子供をターゲットにした政府のメディア政策について考えてみる、などが並ぶ。一〇年生では、目的によってパンフレットのデザインがどう変わるのかを考えるために、情報の伝達を目的としたものと、販売促進を目的にしたものの二種類を作らせたり、映画が封切られるとなぜ同時期に原作の本が発行されるのかを考えさせたりするなど、かなり具体的な内容になっている。

教育制度が州ごとに異なるカナダでは、八七年の時点でメディア・リテラシーが全国的に広まったわけではない。しかし、カナダ全人口の三分の一を占めるオンタリオ州の動きは、他州の教育関係者らを大いに刺激し、九〇年代初頭には各州で教師を中心とした、メディア・リテラシー推進団体が次々に結成されている。また、九二年には、各地で展開されている活動を結びつけ、全国規模でのメディア・リテラシーの促進をはかる目的で、カナダ・メディア教育機構協会が設立され、政策提言なども活発に行っている。九〇年代には、カナダ各州でカリキュラムが改訂されているが、各地の団体はこれを絶好のチャンスととらえ、州の教育省に積極的なロビー活動を展開。今では、カナダ全一〇州で、メディア・リテラシーがカリキュラムに組み込まれるようになったのである。

カナダのメディア・リテラシーの発展がイギリスと大きく異なっているのは、大学などの教育機関や組織などの後ろ盾を全く持たない教師たちの活動が、メディア・リテラシーの実践として実を結んだ点にある。そして、その中心人物として活躍してきたのが、先のダンカン先生なのである。

ダンカン先生が教鞭を執る実験教育高校は、少人数制と革新的カリキュラムが売り物の公立学校だ。彼は、この高校の先進性を最大限に活かし、メディア・リテラシーがカリキュラムに取り入れられるはるか以前の七〇年代から、国語の授業で子ども達に身近な大衆文化について教えてきた。九六年に出版されたベストセラーの教科書『メディアとポピュラーカルチャー』は、その集大成と言えるもので、人気俳優・ミュージシャン、ファッションから、「マクドナルド」までもが登場する。

メディアとポピュラーカルチャー

第一章の冒頭では、人気ドラマや有名人の訴訟などが、セクハラなどの社会問題を考える上で大きな影響力を持つが、メディアには様々な意図があるため、その背景にあるニュースのパターンや価値観を理解することが、社会をよりよく知ることにつながる、と解説している。ディズニー映画を扱った項では、勇敢でたくましいプリンスと、助けを求めるプリンセスは、三〇年代からのステレオタイプだとして、映画にどんな価値観が反映されているのか、自分が映画を作るならどんなふうにするのか、などを生徒たちに考えさせる。

その日の授業テーマのひとつ「グローバル企業とポピュラーカルチャー」の項では、ティーンに人気のスニーカーブランド・ナイキのバスケットシューズの原価は、五ドル六〇セント(九三年調査)でしかないのに、その一〇倍以上で売られているのは、有名スポーツ選手を莫大な契約金で広告に起用するためだと説明する一方で、スニーカー工場で働く途上国の女性労働者には、一日一ドルも支払われていないことを指摘、企業がメディアと密接に結びついて、大衆文化や消費社会を作り上げている仕組みを解説している。また、テレビや映画を通じてジーンズをはじめとするアメリカのイメージが世界中に広まる様子も取り上げた。

ダンカン先生の手にかかると、ダイアナ元妃も授業の題材になる。彼女がどうメディアを利用してきたのか、マスコミはダイアナの死亡報道にあたって、なぜマザー・テレサと彼女を結びつけて報道したのか、ダイアナの葬儀中継は世の中にどのようなインパクトをもたらしたのか、彼女の慈善活動を始めとする強烈なビジュアル・イメージは何を物語っているのかなど、「ダイアナ報道」は、メディアを考える格好の教材になるという。

六〇歳代半ばのダンカン先生だが、ポップカルチャーの知識は驚くほど豊富で、授業開始前にも映画や音楽を話題に、生徒たちと楽しそうに盛り上がっていた。教え子のひとりは、授業では人気ドラマを題材に、登場人物がどんな理由でどう描かれているか、昔のドラマに比べて家族の描かれ方がどう変わったかなどを学んだが、「普通、国語といえば過去のことや古典ばかりでつまらないのに、僕たちは死んでしまった詩のことではなく、自分たちの今を話し、人間にとって本当に大事なことは何なのかを勉強しました」と振り返っている。

映画教育とマクルーハン

カナダにおけるメディア・リテラシーの胎動は、六〇年代にさかのぼる。この時期は、イギリスと同様に、カナダでも映画研究が盛んに行われているが、当時の時代背景とあいまって、公民権運動の正当性やベトナム反戦など、社会問題を考えるきっかけとして、若手教師らが中心となって、映画を積極的に授業で取り入れるようになる。この頃は、革新的な教育が奨励されていた風潮も手伝って、こうした動きが広まり、六六年にはトロントに映画教育協会が設立され、全国規模の会議などが盛んに行われるようになる。しかし、授業に映画を使うのは、生徒の社会的な関心を高めるためで、映画はあくまでもその動機づけとして利用されており、映画そのものについて検討されていたわけではない。映画教育の目的は、イギリスでも見られたように、子ども達が大衆文化から距離を置き、名作映画を好むような嗜好を身につけさせる狙いがあったのだ。

一方、六〇年代は、世界的に知られるメディア学者マーシャル・マクルーハンが、トロント大学をベースに、当時のニューメディアであったテレビなどの電子メディアについて、「メディアはメッセージ」といったセンセーショナルなキーワードを使って大胆に分析し、世界中を席巻していた時期にも重なる。マクルーハンは、論壇のリーダーとして、常に斬新なアイディアを提供し、映画などのメディアに親しむ教師たちにも大いに刺激を与えていた。先のダンカン先生がメディアに目覚めたのも、トロント大学でマクルーハンから直接教えを受けたことがきっかけだ。映画好きの若きダンカンにとって、マクルーハンの語ることは常に興味の対象となり、彼のもとで学んで以来、メディア論の虜になったという。

「マクルーハンのアイディアに興奮していたのは確かですが、当時は彼が言っていることを全て理解していたわけではありません。彼が言っていることが本当に正しいとわかったのは、国語の教師になって日常的に子ども達に接する中で、いかに生徒が映画やテレビに影響されているのかを目の当《ま》たりにするようになってからです。「あっ、マクルーハンが言っていたとおりだ！」みたいにね」

AMLの創設

しかし、七〇年代に入り、教育の保守化や予算削減にともなって、映画が授業で使われることも下火になり、映画教育協会も七一年には解散してしまう。ところが、七〇年代後半になると、今度はテレビ・映画の過激な性・暴力描写、刺激的なミュージックビデオ、VCRの普及などで、メディアの悪影響が問題視されるようになり、メディアを教えることの重要性が注目を集めるようになる。

長年にわたってメディア・リテラシー教育の必要性を痛感してきたダンカンは、メディアを「悪」と見なす当時の風潮には疑問を抱いたものの、良かれ悪しかれ多くの人がメディアについて真剣に考えるようになったのをきっかけに、「最初から完璧を目指す必要はない。まずは見切り発車で始めて、そこから修正していけばいい」と考え、七八年にメディア・リテラシー協会（AML）を創設し、会長を務めた。

当時AMLは、教師を中心とした小さな草の根団体に過ぎなかった。もちろんオフィスはない。協会の連絡先はダンカン先生の高校だ。それよりも行動力。メンバーたちは、会議やシンポジウム、教師向けワークショップの開催やニュースレターの発行などを手がけ、メディア・リテラシーの重要性を積極的に訴えた。また、教師同士の連帯も強めるとともに、オンタリオ州教員連合、PTA、メディアの女性描写に抗議していたフェミニスト団体などともスクラムを組み、オンタリオ州教育省にメディア・リテラシーをカリキュラムに取り入れるよう訴え続けた。こうした動きに賛同した、親や市民なども教育省に手紙を送るなどの行動に出ている。ダンカンらによる地道な努力は言うまでもないが、この時期は、ケーブルテレビが急速に普及するなど、メディアの変化に対する危機意識が高まっており、メディア・リテラシーを受け入れる社会的な土壌があったことや、教育省がカリキュラムの改正を予定していたこともプラスに作用した。

「ロビー活動は八年間にわたりました。最初は教師仲間でさえ、真剣に取り合ってくれませんでしたから大変でした」とダンカンは振り返る。なかには「シェークスピアではなく、テレビについて教えるとはもってのほかだ」という声もあったのだ。

八七年に念願のカリキュラム導入が実現した後、AMLの中心メンバーは、八九年にはオンタリオ州教育省が教師向けに発行した『メディア・リテラシー・リソース・ガイド』の執筆を担当した。このテクストは、アメリカをはじめ英語圏で活用されている他、フランス語、イタリア語、スペイン語、そして日本語にも翻訳されている（参考文献リスト参照）。一方、ダンカンをはじめAMLのメンバーは、トロント大学教育学部でも教鞭をとり、教職課程の学生にメディア・リテラシーを教えている。

アメリカ・メディアの侵入

ところで、メディア・リテラシーを考える上で見逃せないのが、カナダという国の地理的な性格や、隣の大国アメリカとの関係である。

トロント大学マクルーハン研究所のデリク・ディカーグホッブ所長は、「メディア・リテラシーは、コミュニケーションやテクノロジー、そして文化のことを大切に考える極めてカナダ的なものです」と説明する。教授によれば、カナダは広大な国土に比して人口が少なく、人々が点在して住んでいるため、コミュニケーションを円滑にするためのテクノロジーを大切にし、それがもたらす影響について真剣に捉えてきた歴史があるという。実際、カナダはケーブルテレビやインターネットなどが世界で最も浸透している国のひとつであり、またハロルド・イニスやマーシャル・マクルーハンといった、世界的なメディア研究者を生み出した国でもある。

こうした事情に加えて、カナダは、東西に広がる国境をアメリカと分かち合っており、カナダ人の約九割が国境から三〇〇キロ以内に住んでいるだけに、このボーダーを超えて南から大量に流れ込んでくるアメリカのメディアと、アメリカ文化や価値観の侵入に敏感にならざるを得ない。同じ英語圏であることから、カナダではアメリカの雑誌や本はもとより、ネットワークやケーブルテレビの番組のほとんどを見ることができる。カナダ統計局によると、カナダの視聴者は四割をカナダ製、六割をアメリカ製の番組を見ており、年齢が低くなればなるほどアメリカ製番組をよく見るという。アメリカ製の番組を見る人は九一年以降、減ってはいるものの、それでも半分以上がアメリカ製の番組で占められている。子ども達にも話を聞いてみたが、ほとんどがテンポが速く、大量の予算をつぎ込んだ大仕掛けの「かっこいい」アメリカの番組を好んでいた。

ところが、テレビ画面には、いずれの国の番組も区別なく飛び込んでくるだけに、とりわけ年少の子どもにとっては、両者の違いを明確に見分けるのが難しいという。私もテレビニュースを見て驚いた。アメリカを話題にしたニュースが流れていても、キャスターの雰囲気も似ていて、しかも英語で話されているため、カナダのものなのか、アメリカのものなのか、区別をつけにくいのだ。高校教師のニール・アンダーセンは、テレビの影響のせいで、生徒がアメリカのことか、カナダのことか、混乱することもあるという。「例えば、アメリカとカナダでは、奴隷制など黒人のたどってきた歴史は全く違うのに、カナダもアメリカも同じだと思ってしまう生徒がいるのです」。

しかし、その一方で、アメリカのメディアに浸りながらも、それがカナダの状況とは違うことを自覚しやすいだけに、メディアが作られたものであることに気づきやすいというメリットもある。「そういう違いが、カナダの子どもをメディアによく気がつく子どもにするのです。また、カナダ人は一般的にアメリカに対してシニカルな見方をしますが、そういう批判的なところはメディア・リテラシーに向いていると思います」と分析するのは、AMLのダンカンだ。

オンタリオ州教育省から発刊されたテクスト『メディア・リテラシー』には、「カナダ人のアイデンティティーとメディア所有」というセクションがある。そこでは、カナダ製とアメリカ製のドラマの比較や、アメリカの番組で描かれるカナダ人とカナダの番組で描かれるカナダ人の違いを考えてみることが、学習の提案として紹介されている。また、ダンカンが執筆した『メディアとポピュラーカルチャー』にもカナダとアメリカの文化についての説明がある。そこでは、カナダ製の番組がなければ、カナダの文化アイデンティティーがアメリカ製の番組に押しつぶされかねないため、国立映画評議会や公共放送CBCがカナダ人のアイデンティティーを維持する上で重要な役割を果たしている、との政府の報告書を紹介している。

カナダが、アメリカ・メディアの影響をこれほど受けていないとしても、メディア・リテラシーは取り入れられていたのだろうか？「アメリカの影響がなくても、メディア・リテラシーはもちろん必要なことです」とダンカンは語り、メディア・リテラシーはアメリカ・メディアの影響に対応することが目的ではないと言う。ただし、「アメリカなしでは、メディア・リテラシーがカナダでこれほど幅広く支持を得られたかどうかは分からない」として、文化保護の問題がメディア・リテラシーと全く無関係ではないことを認めているのである。

2 オンタリオ州の教室から

数学や理科より重要

メディア・リテラシーの授業の中でも、広告は最も頻繁に扱われるテーマのひとつである。広告はメディアの経済基盤であり、その簡潔さ、密度の濃い情報量、それに加えて強烈なビジュアルのインパクトを与えるだけに、その仕組みを教えることは重要だとされている。調査会社ニールセンの調べによれば、カナダの子どもが一日に見たり聞いたりする広告の数は約五〇〇にもなり、高校を卒業するまでに見るテレビ・コマーシャルに至っては三五万本にものぼるという。

トロント市のブルーカラーが多く住む地区にある、公立セダブラエ高校を訪ねた時にも、広告が授業のテーマだった。ニール・アンダーセン先生は、「メディアをコントロールするのが業界の仕事なら、視聴者や読者の側を賢くするのが私の仕事です」と胸をはる。アンダーセン先生は、「我々はつねにメディアを介してコミュニケーションをはかっているため、メディアについて教えることは、数学や理科よりも重要だ」と語る。

テレビコマーシャルの分析で盛り上がったニール・アンダーセン先生と生徒たち．教室の壁には映画のポスターや新聞記事などが貼られている．

アンダーセン先生の案内で、教室に足を踏み入れて驚いた。壁いっぱいに貼られたダイアナ元妃の死やクリントン大統領のセックス・スキャンダルを報じる新聞の一面記事の数々。最新映画や人気ミュージシャンのプロモーション用ポスターに、コカコーラのキャンペーン広告。そこには、「メディアの世界」が広がっていた。三〇台ほどのマッキントッシュのコンピュータが教室をぐるりと囲むこの空間で、メディア・リテラシーが教えられているのだ。

いよいよ授業が始まった。

教室の真ん中に置かれたテレビ・スクリーンがオンになって、若い美男美女が映し出された。仕事から帰ってくる男を女が迎える。二人が抱き合う。そのまま、フロアになだれ込み、今度は裸で抱き合っている。女性の顔がアップになる。ふたりがベッドを共にする。その後、見つめ合ったままコーヒーを飲む。「本当の悦びはすぐ(インスタント)にはきません」という文字が映し出され、インスタントコーヒーがアップになる。

超セクシーなコマーシャルに、生徒たちの目はクギ付けだ。「ピューピュー」と口笛を鳴らす男子生徒に、おどけたポーズで「キャキャ」と大笑いする女子生徒。机から身を乗り出している生徒までいる。教室は盛り上がった。

映像が終わったところで、机に腰をかけたまま先生が質問を投げかける。

「このコマーシャルは、何を売っているのかな?」

「コーヒーのコマーシャルだけど、売っているのは明らかにセックスだと思う」

男子生徒がそう言うと、教室がざわめいた。

「このコーヒーを飲めば、ロマンスがやってくる。そういうイメージを売っていると思います」と、女子生徒。

「なぜコーヒーのコマーシャルにこんなセクシーなシーンが必要なんだろう?」

「広告は、理性じゃなくて感覚に訴えるのが効果的だから。質が良くておいしいっていっても注目されなければ意味がないから」と、覚めた調子で別の男子生徒がこう言った。

授業は賑やかで、「勉強」とはおよそかけ離れた雰囲気だ。こうした授業で、本当に効果があるのだろうか。アンダーセン先生は余裕たっぷりに、「生徒に聞いてみるのが一番ですよ」と言って、廊下へ消えてしまった。そのとたん、子ども達の視線がさっとこちらに集まった。「メディア・リテラシーの授業から、何を学びましたか?」。こう問いかけてみると、空中に花でも咲いたかのように、生徒たちの手がいっせいにのび上がった。

「家でテレビを見ていても授業のクセが抜けなくて、ついつい分析してしまうんです。このシーンはこうだとかすぐに解説しちゃうから、家族はうるさがって「黙ってテレビを見なさい!」って怒っちゃうんです。でも、私に言わせれば、テレビを疑問も持たずにそのまま見ているほうがずっと危険だと思うんです」と女子生徒が言った。

あちこちから「うちも同じ」という声が聞こえる。

新聞の読み方が変わったと言ったのも女子生徒だった。「記事のアングルとか、写真の使われ方、それにタイトルやキャプションまでもが気になるの。この記事が一面なのはなぜかとか考えちゃう。おかげで新聞を読むのにずいぶん時間がかかるけど……」。

広告をテーマにした授業で、ナイキのスニーカーが高いのは、宣伝に莫大な資金が使われるからだと知った男子生徒は、ブランドイメージに惑わされない「賢い消費者」になったと得意そうに話してくれた。

最近、学校近くの黒人地区に引っ越してきた黒人の女子生徒は、メディア・リテラシーの考えを使って面白い観察をした。

「ニュースの選択基準について考えるようになったんです。前に住んでいた中流住宅地で起きてもニュースにならないような事件が、ここで起きると大ニュースになることがわかったんです。この地域は黒人地区で治安が悪いっていうレッテルが貼られているから、「やっぱり」って感じで報道されるように思います。こういうことが続くから、余計に危ないイメージが出来上がるのだと思います」

アンダーセン先生は、子ども達はもともとメディアに詳しいこともあって、メディア・リテラシーの理解にもそう時間はかからないと言う。「先生のせいで、昔みたいにテレビや映画を無邪気に楽しめなくなった」と文句を言いに来る子がいるほどなんです」と苦笑する。「そんな生徒も、だんだん慣れてくると、メディアを楽しみながらも批判的な眼を持つという余裕が出てくるのです」。

ハロウィーンを分析

オンタリオ州では、メディア・リテラシーの中心人物であるダンカン先生の影響もあり、ポップカルチャーを授業に取り上げる例が多い。「子ども文化」は、いったい誰が作るのか、メディアや企業は、それにどう関わっているのか。ある七年生のクラスを訪ねた時には、怪物、魔女などに仮装した子どもが、隣近所をまわってお菓子をねだる、北米の子どもにとっての一大イベント、ハロウィーンを題材に授業が行われていた。

授業の冒頭では、キャンディや仮装コスチュームなどに莫大なお金が使われているというデータが示され、続いてハロウィーンの起源についての説明があり、その後、生徒たちはグループに別れてそれぞれの課題に取りかかった。プライムタイム(一九―二三時)のテレビ番組を調べたグループは、日を追うごとにハロウィーン関連の番組が増え、当日にはハロウィーン番組が七割以上を占めていることをつきとめた。「ハロウィーンは、メディアが作るイベントになっている」と分析したのは、ハロウィーン関連の広告を調べたチーム。一方、インターネットの関連ホームページをチェックしたチームのひとりは、「サイトには広告がたくさんあるけど、広告収入を得るためにサイトが作られていることに気が付いた」と言った。マクドナルドでは、この時期ハロウィーン向けのランチボックスを景品にしていたが、子どもが欲しくなると同時に、大人が子どもに買ってあげたいと思うように、両方をターゲットにしているという意見も出された。

シルビー・ウェッブ先生のメディア・リテラシーの教室にはメディア・リテラシーの目標などが貼られてあった.

生徒たちの感想は様々だ。

「昔はハロウィーンは、純粋に楽しむものだったのに、今は起源とかけ離れてしまって随分お金を使うようになっていることがわかって驚いた」

「メディアがハロウィーンを取り上げる主な理由は、お金になるからだということがわかりました」

「宗教行事でなくなったので、誰もが楽しめるのが良いと思います」

シルビー・ウェッブ先生は、「ハロウィーンが、メディアによってどう演出され、商業的にどんな意味を持つのかを生徒たちに考えてもらえれば」と授業の狙いを語っている。

メディアの暴力を格付け

低学年の子どもは、テレビの「現実」と現実世界の区別がつかないため、その違いを授業で取り上げることはよく行われるが、メディアにあらわれる暴力を取り上げた、教師向けガイドブックの共同執筆も行っている小学校教諭のポール・カレイロは、フィクションの暴力を考えてみる、ユニークな授業を実践している。担当する三・四年生の国語の時間では、一〇％から一五％をメディアの学習に当てている。取材に訪ねた時には、国語の時間の一週間まるごとをメディア・リテラシーの学習に使っていた。集中して取り上げる方が生徒の理解が深まるからだという。

メディアの授業は、ここでも子ども達に大人気だ。

「今日はスターウォーズのビデオを見ます」とカレイロ先生が言うと、子ども達から「イェー！」と歓声があがった。先生はビデオを止めたり再生したりしながら、子ども達にカメラアングルや効果音について次々に質問していく。生徒たちはやりとりを通じて、映像や音楽がシーンを盛り上げるために、どのように使われているのかを考えていった。

今度は、暴力をタイプ別に見ていく。

「暴力を見てこわい？」と先生が問いかけた。

「いいえ、別に何にも感じません。わくわくします。悲しくもありません」と女の子。

「映画を見ているだけなら怖いと思わないけど、もし自分が映画の中にいたら怖いと思う」と、今度は別の生徒。

その後、バットマンのアニメを見ながら同じようなやりとりが続き、それからコミカルなウサギが珍事を巻き起こす、愉快なバッグズバニーのアニメが登場した。

「これはどんな暴力？」とカレイロ先生。

「おもしろい暴力」と生徒が言う。

シーンは、ウサギの主人公が暴力をふるわれて、頭から煙を出すシーンに変わった。クラスに笑いが広がる。

「こわい？」とまた先生が聞く。

クラス中が「ノー！」と言う。

「自分はそこにいるわけじゃないし、アニメだもの」と女の子。

ウサギは銃を向けられているのに、すまして人参をポリポリほおばっている。銃はウサギの口の中に入れられ発砲！ 過激なシーンではあるが、子ども達のコロコロと笑う声が教室にこだまする。

授業のクライマックスは、生徒たちがその週に見た、ディズニー、「インディ・ジョーンズ」など五つのビデオを、暴力度に応じて格付けする作業だ。北米のテレビ番組や映画は、性・暴力表現などの度合いに応じて年齢別に格付けされているが、子ども達自身に格付け作業を体験させることで、暴力の構造やその複雑さを体験させることが狙いだ。子ども達は、メディアで扱っている暴力は現実と違ってなぜ怖くないか、また同じ映画でも人間が出てくるものとアニメでは、暴力の印象がどう変わってくるのかを話し合い、なぜメディアが暴力シーンを作るのか、それがどんなテクニックによって効果を上げているかも考えていった。

カレイロ先生は、「生徒たち自身は気が付いていないようですが、授業を始めた頃に比べて子ども達の映像の見方が大きく変わっている」と語る。たしかに、子ども達はストーリーを追っているのではなく、その作りを見ているのだ。「授業で分析していたような方法で、テレビを見る子どもはそういなかったはずです」。

子どもに人気の素材を使うのが、カレイロ先生流の授業だ。大人気のプロレスを題材に使った時には、プロレスは純粋なスポーツではなく、あらかじめ用意されたシナリオにそって演技されたものであることを考えさせた。北米で大人気の日本製アニメをもとにした「ポケモン・カード」も教材になる。カードは誰が何の目的で作ったもので、子どもの人気を獲得するためにどのような工夫がされているのか、ポケモン・カードを売るためにどんな広告がされているのか、さらに自分ならどんなカードを作るのかを考えさせ、実際に授業で作ってみることも計画中だという。授業の狙いは、現代の「子ども文化」は大人によって作られ、子どもはそれを消費する立場でしかないが、その構造を理解させ、子ども達自身が文化を作ることができることも考えさせることにある。「ポケモン・カードの良し悪しの問題ではなく、こうした作業を通して、カードがなぜ面白いのか、なぜ欲しくなるのか、「子ども文化」とメディアの関係をわかって欲しいと思います」とカレイロ先生は言う。

ニュースの生放送を体験

メディア・リテラシーの授業は分析が中心だが、制作を通してメディアの理解を深めることも目標のひとつだ。ところが、教師が機材を使えなかったり、制作には時間がかかるため、実行している学校はそう多くない。そこで、「テレビ制作」の選択授業で、メディア・リテラシーを取り入れている、ミドルフィールド高校のダウン・スマイス先生を訪ねた。「テレビのことを本当に知りたければ、作ってみるのが一番です。すでに完成した番組を分析するのが一般的なやり方ですが、私の場合はその逆です。実際に作ってみてプロセスを体験してこそ、テレビというものがよく理解できると思います」。

取材に訪ねた日、一二年生の生徒たちは、八分間のニュース番組を生放送するという設定で授業を行っていた。教室には、キャスター用の席が用意され、正面にはカメラ、モニター、音声機材などが並んでいる。生徒たちが用意した番組進行表には、ニュースのメニュー、読み上げる時間などが秒刻みで並んでいる。本番が近づくと、ディレクターが真剣な表情で各担当に最終確認をとり始めた。「皆さん、この番組はライブですから、間違えてもそのまま続けてくださいね」。スマイス先生が念を押すと、「スタジオ」に緊張が走った。

低音の重厚なイントロに続いて、交通事故、ティーンエイジャーの喫煙、ビジネス、天気予報、スポーツなどのニュースが順調に進んでいく。テレビを見ているだけなら八分はあっという間だが、実際には画面に映らないところで様々な作業が行われている。録画済みのビデオを、タイミングよく再生するのも大事な仕事だ。地図をバックに登場するように見えるお天気キャスターも、実際はクロマキーというブルーの紙を背景にしていて、地図はコンピュータ上で合成されている。「天気予報が、こんなふうに作られているなんて全然知りませんでした。実際やってみて、どれほどテレビについて知らないかがよくわかりました」。こう感想をもらすのは、画面の合成作業を担当していた生徒だ。

実際に制作してみることのメリットのひとつは、倫理的な問題に直面することで、テレビについてより深い理解が可能になることだ。反省会では、喫煙に関するニュースで、キャスターが、「タバコを吸うのは成績の悪い学生が多い」という前提に立ってレポートしたが、「統計が使われているわけでもなく、個人の意見ではないか。成績が良くてもタバコを吸う生徒はたくさんいる」とのクレームが付いた。議論が一段落したところで、スマイス先生は、報道では意見と事実の違いを明確に区別しなければならない、とアドバイスした。

トロント郊外ミドルフィールド高校の生徒たちは生放送のニュース番組作りに挑戦した.

また、制作者の意図と視聴者に与える印象とのギャップも問題となった。喫煙ニュースでは臨場感を出すために、あらかじめビデオ録画した映像と、スタジオのキャスターとを合成し、キャスターがまるで現場にいるように仕上げたが、逆に視聴者に誤った印象を与えるとの指摘があった。さらに、映像ではタバコを吸っている学生を背後から撮影しているが、本人には許可を取っていなかった。理由は簡単で、許可をとろうとすれば、断られる可能性もあったからだ。「倫理的には良くないと思ったけれど、ニュースには映像が欠かせなかった」として、生徒たちは作り手としてのジレンマにも遭遇した。

制作者の立場を経験することで、生徒たちは制作側の大変さを痛感したようだ。

「番組制作者を前よりも尊敬するようになりました。これだけやるのも大変だったけど、彼らは毎日やっているわけだし、それにかかる準備も大変なものだと思います。すごいですよ」

「キャスターは、リラックスして落ち着いているように見えるけど、実はものすごいプレッシャーがある。それを自然にやっているように見せているのがわかった」

「これまでは、テレビの画面に出ている人だけで、番組が作られていると思っていたけど、実は出てこない人の方がメインなんですね。これからテレビの見方も変わってくると思います」

こうした評価の声がある一方で、批判的な意見も出された。一番多かったのは、ニュースが扱うのは殺人などの事件や事故などの暗い話題が多く、もっと明るいニュースが必要だとの声だ。また、メディアがわかるにつれて、テレビを見なくなった、という生徒も一人いた。

「ニュース番組は、結局は作っている側の主観がニュースとして報道されるだけです。だから僕はニュースは見ません」

スマイス先生は、「授業を始めた頃は、生徒たちはテレビは映像がでてくる「魔法の箱」くらいにしか思っていなかったと思います。今では、この魔法の箱が、どんな経済構造を基盤にして、どんなプロセスを経てでき上がっているものなのかがわかるようになったと思います」と語る。

こうした制作の授業は、番組を作ること自体が目的ではなく、制作を通してメディアに対する理解を深めることにある。この高校にはコントロール・ルームもなく、機材も古いものが多く、とても設備が整っているとは言えないが、授業は充実したものだった。最新鋭のオーディオ設備が揃った制作の授業もいくつか見学したが、カメラワークや編集といった技術的能力の習得に特化し、多角的にものを考えることを教えなければ、いくら機材を使いこなし、映像作品を作ることができたとしても、メディア・リテラシー的な視点は育たないこともわかった。

スマイス先生は、今度は番組中に緊急ニュースが飛び込んでくることを想定して、ニュースがいかに短時間で伝えられていくのかを理解してもらう授業を行いたいと言う。

3　ブリティッシュ・コロンビア州の教室から

各科目に組み込む

オンタリオ州で始まったメディア・リテラシーの動きはカナダ各州にも広まり、その推進のためにさまざまな団体が組織されているが、カナダ西海岸のブリティッシュ・コロンビア州では、カナダ・メディア教育協会がその役割を果たしている。創設メンバーで、ブリティッシュ・コロンビア大学の教育学部副学部長であるチャールズ・アンガーレイダーは、「この会は有志が集まってうちのリビングルームで生まれたんです」と言って笑った。ブリティッシュ・コロンビア州がユニークなのは、メディア・リテラシーを「国語」(「英語言語学(English Language Arts)」)に組み込んでいると同時に、地理、社会科、演劇、ビジュアル芸術などの科目にも組み込んで教えている点だ。

メディア教育協会の元会長のダン・ブレークはこうした方法の重要性を語る。

「メディアはすべての学科にかかわってくる。例えば、歴史の授業でドキュメンタリー番組を見せたら、それもまた特定の人の歴史の解釈に基づいて作られたものだ、と生徒に教えなければならない。地理だったら、アフリカといえば飢餓というイメージがつきまとうが、それはアフリカの一面でしかない。じゃ、なぜそんな捉えられ方がされるのか。アフリカがニュースになるときはどんな時で、それが我々のアフリカ観にどう影響しているのかを考えさせることが必要だ」

　バンクーバーの教師ギャビン・ヘインズワースも、社会科の授業でメディア・リテラシーを取り入れている。政治家の三〇分の演説のうち、新聞はどの部分を引用したか、それはなぜかを分析したり、政治キャンペーン広告についても取り上げた。ケベック州の独立問題では、州内の独立支持派と州外のメディアが、同じ問題をどう扱ったかも比較したという。

　しかし、科目に組み込んで教える方法は理想的ではあるが、多くの教師は未だ教授法を模索している段階だ。ある高校の地理の教師を訪ねた時には、授業でドキュメンタリーやニュース番組、新聞・雑誌記事を使うことはよくあるが、それらが作られたものであるとなると、生徒たちが混乱するし、そこまで説明するほどの時間がないと、その実践の難しさを語る。ブレーク元会長も学科に組み込む方法は、苦戦していることを認めている。しかし、ブリティッシュ・コロンビアでも国語などでは、非常に興味深い授業が行われていた。

日系人強制収容所の報道も

　メディア・リテラシー的にみれば、歴史も作られたもの……。そう考えさせられたのが、バンクーバーにある中学校のベテラン教師フィリス・シュワーツの授業だった。「メディアは子どもに身近なものだから、やる気をおこさせる」と、メディア・リテラシーが「市民権」を得る前の八〇年代から、国語の授業に積極的に取り入れてきた。

その日は、第二次世界大戦時に敵国民として強制キャンプに収容された日系人に対する報道を取り上げた。「どういう情報を見せるかで、「歴史の事実」も変わってくるということを子ども達に知って欲しかった。事実だと思っていることも、見方の違いでそうではないこともあるのですから」とシュワーツ先生は言う。

授業は、強制キャンプに関する本を読むことから始まり、市内の公共図書館で当時の新聞報道をたんねんにチェックした。収容キャンプ生活を実際に体験した、クラスの生徒の祖父母を授業に招待し、当時の話をしてもらった。こうした材料をもとに、当時の新聞編集者へ手紙を書くという想定で、それぞれが考えをまとめた。

「記者とキャンプに入れられた人の両方の視点を知ったのが良かった」と男子生徒が授業の感想を話してくれた。「この頃の記者は、政府に好意的な報道をしていたと思う。「バンクーバー・サン」(地元紙)が政府寄りだったのは、政府の人はほとんど白人だし読者もそうだったから。今になってみれば、日系人への偏見が強かったと思う」と今度は別の生徒だ。

「当時にタイムスリップして、記事が書き直せるとしたらどうしますか?」。クラスの生徒たちに聞いてみた。

「あの頃の政治情勢は不安定だったから、主流の価値観に合わせた報道、事実よりもその時の雲行きで報道したと思う」と男子生徒があっさりと言う。

「もし記者の中に日本人に好意的な人がいても、そんなことを言ったら刑務所行きだと思うよ。もし当時自分が記者だったとしても、怖いから政府寄りのことを書くと思う。罪の意識を感じるとは思うけど……」。今度は、別の男子生徒だ。

シュワーツ先生は、チリに暮らした経験を持つ生徒に、政府の言論統制の徹底ぶりとその怖さをクラスメートの前で披露するよう促した。多様な人種や様々なバックグラウンドを持つ生徒たちは、「授業の財産」だと先生は語る。

今回の授業が、今の世界情勢を理解するのにどう役立ったのか聞いてみると、さっと手をあげた男子生徒がこう話す。「ボスニアでの戦争やイスラエルとパレスチナみたいに対立しているところでは、同じことも全く違った報道がされていると思う。そういうことがよく分かる」。

女子生徒が力強くこう言った言葉が印象に残る。

「どんな時でも、メディアを懐疑的に見ることが大事だと思います。自分がその出来事を直接見たり経験しない限り、メディアの情報は全てが二次的なものだから」

生徒が広告を打ち切りに

ブリティッシュ・コロンビア州サレーのフランク・ハート中学校の生徒たちは、自由科目の枠内でメディア・リテラシーを学んでいる。授業でティーン向け香水の広告を分析した生徒たちは、「広告に問題あり」と考え、香水会社に抗議文を送り、ついには広告を打ち切りにするまでに追い込んだ。

「最初は、私たちが大企業を相手にしたところで、何も変わらないと思っていたんです。でも、今回のことで自信がつきました。私たちにも、メディアを変えることができたんです」と、女子生徒のひとりが話してくれた。

メディア・リテラシーは、教室という限られた空間で完結しがちで、現実のメディアと接触を持つことは稀であるだけに、生徒たちの行動がメディアを変えたことは、メディアと生徒たちの直接の関わりを考えるケースとしても興味深い。

ことの起こりは、カレン・アイトキン先生が女子生徒と一緒に買い物に出かけた時、その生徒がたまたま見つけた広告に、強い違和感を示したことから始まった。問題の広告は、オレンジ色のビキニをつけたブロンド少女の上半身が写ったティーン用香水で、彼女が憤慨したのがそのコピーだった。「首にやさしくすり込ませてください。そうすれば、あなたがノーといって首を振った時でも、彼があなたの本心を嗅ぎつけます」。

アイトキン先生は、その広告をクラスの生徒に見せたところ、生徒たちは「ひどい広告」だと同意し、広告を分析してニューヨークの化粧品会社に抗議の手紙を書くことで考えがまとまった。カーラ・ケリンズは、「女性がノーという時はノーを意味します。こんな広告があるから、男の子は女の子を軽く見るんです」と抗議した。ジェシカ・ステゥシュノフも、「貴社は、

ブリティッシュ・コロンビア州のフランク・ハート中学校の生徒たちは，香水の広告に抗議し，打ち切りにするまでに追いこんだ.

女性は性的に強要されたいとでも思っているのでしょうか」と怒りをぶつけた。エディ・タンは、「女の子がノーという時、本当はイエスを意味するというなら、それは男にレイプを奨励しているようなものです」と書いた。

生徒たちが手紙を出して一カ月ほど経ってから、化粧品会社から届いた手紙は、そっけないものだった。「我々の製品に関してご心配をおかけいたしております。しかし、ビジネスがうまくいっている限りは、皆さんのご心配は無用です……」。

頭にきた生徒たちは、さらに手紙を送り続けた。それから数週間後、生徒たちは市内に貼られてあった香水のポスターが消えているのに気がついた。それからさらに一カ月、化粧品会社から届いた手紙は、生徒たちを驚かせた。

「……ご指摘のように広告には配慮が足りず、不快な思いをさせまして、申し訳ございませんでした。……広告は、すべて打ち切らせていただくことに決定いたしました」

これには、アイトキン先生も驚いた。

「生徒たちは、自分たちには何の力もないし、どうせ無視されると最初は弱気だったんです。私もこんなに上手くいくとは思いませんでした」

生徒たちは、「メディアをこれまでよりもぐんと身近に感じるようになった」と口を揃える。

「これからも、何かあったらどんどん抗議したいと思います。だって、広告にお金を払っているのは、結局は私たち消費者なんだもの」。女子生徒が、自信たっぷりにこう言った。

価値観の押しつけの危険

メディア・リテラシーはこのように様々な教授法に応用されるほど進化してきたものの、カナダの学校教育に完全に定着したとは言い難い。例えば、各教科を通じてメディア・リテラシーを取り入れる方式のブリティッシュ・コロンビア州でも、現実には熱心な一部の教師が積極的に取り入れているだけだという実態がある。バンクーバーのメディア・リテラシーの推進メンバーのアンダーライガーもそれを認め、「時間をかけてじっくりと制度を根づかせていきたい」と語っている。また、パイオニアのオンタリオ州でさえ、メディア・リテラシーが教えられていないケースがある。先のアンダーセン先生のクラスでも過去にメディア・リテラシーの授業を受けたことがあるのは半数ほどで、学んだことがある生徒でもその内容は単に授業で映画を見ただけ、という例も珍しくなかった。

こうした事情は、カナダの教育システムと関係がある、と見るのはメディア・リテラシーの著書もあるメディア教育コンサルタントのクリス・ワースノップだ。「校長や国語の主任教師が、メディア・リテラシーを大切だと思わなければ、教えなくてよいと学校で判断できる」というのだ。つまり、カリキュラムでメディアを教えることが義務づけられていても、それは国語の一部で教えるということであり、実際に教師が教えたかどうかまでが細かくチェックされるわけではない。メディア・リテラシーを重視していない教師がいれば、教えないこともあり得るのだ。「カナダでは、教師個人に任された授業の裁量が大きいため、授業の進め方は各教師によって驚くほどの違いがある」とワースノップは説明する。こうした問題をなくすためには、メディア・リテラシーに対する理解を深めるための教員訓練がカギになる、と多くの関係者が指摘するが、そこには教育予算のカットという厳しい現実が立ちはだかる。

それとは別に教育内容の理解不足という問題もある。たとえ、教師がメディア・リテラシーに熱心だとしても、その教授法には深く注意を払わなければならないとの声である。トロント大学のロブ・モーガン教授は、「メディア・リテラシーの多くが、メディア学の知識が不十分な国語教師によって教えられているため、メディアの幅広い要素が無視されて、メディアが良いか悪いかといった単純な図式で捉えられているのではないか。広告ひとつとってもマイナス面にばかり注目し、メディアとしての芸術性を無視し、消費文化に否定的な教師の価値観を押しつける可能性もあるかもしれない」と指摘する。

確かに、モーガン教授が指摘するような場面に、取材中、幾度となく遭遇した。

映画を使ってメディア・リテラシーを教えていたバンクーバーの教師は、いかに質の良い映画を見ることが大切かを一方的に話すばかりで、生徒たち自身が考えたり、発言したりするチャンスはほとんど与えられなかった。授業の後に生徒たちに話を聞いてみたが、「授業はたいくつ」との答えが大半だった。

また、先生には絶対に言わないことを条件にインタビューに答えてくれたオンタリオ州のある生徒は、「先生は、自分の考えがベストだと思っています。私は必ずしも彼の考え方には同意しませんし、押しつけがましいと思うこともあります。でも、成績のことを考えると、その先生が喜ぶようなことを授業で言ったり、試験でもそう回答したりしてしまうのです」。この生徒が言っているのは、カナダでもよく知られた教師で、日頃から子どもの主体性を大切にした教授法が大切だと訴えている人物である。

メディア・リテラシー研究の第一人者であるマスターマンは、生徒と教師の間にヒエラルキーを作らないことが、授業を進める上で最も大切だと指摘しているが、こうしたエピソードは、その実践がいかに難しいことであるかを物語っている。教師は知らず知らずのうちに、自らのメディア観を生徒に押しつけてしまっていることも少なくないのだ。

4　メディア・リテラシーを支援する世界初のテレビ局

テレビ局がメディア・リテラシーを支援

メディア・リテラシーを進めて行く上で、メディア教師とメディア企業の協力関係は不可欠ではあるものの、現実には良好な関係が成り立つケースは稀である。教育者はメディアに対して懐疑的なことが多く、また、メディア側にとっては、あえて自分たちの手の内をさらすメディア・リテラシーを支援することにメリットを感じないからだ。そうしたなかで、トロントを拠点にする「チャムテレビ」は、局としてメディア・リテラシーを全面的にサポートする姿勢を明確に打ち出す、世界でも稀な放送局として知られている。

一九九七年には、メディア・リテラシーの支援を行うための専門部署「メディア教育部」を放送局として世界で初めて設立した。「昨年春に、メディア・リテラシーを支援しているテレビ局として、ユネスコ主催のメディア教育の国際会議に招待されました」と語るのはサラ・クロフォード社会政策・メディア教育担当副社長。彼女は、メディア・リテラシー番組の企画・

メディア・リテラシーを積極的に支援するチャムテレビの社会政策・メディア教育担当副社長のサラ・クロフォード.

制作に携わる他、コメンテーターとして番組に出演したり、教師の協力を得て番組に即した教材の開発や教員トレーニングを主催するなど、カナダ中を飛び回っている。また、資金繰りに苦しむメディア・リテラシーのNPOを支援し、自社テレビに、メディア・リテラシーのスポットCMを流すなどの力の入れようだ。クロフォードはここ数年の業績が認められ、この春には部長から副社長へと昇進を果たしているが、それだけメディア・リテラシーが重要視されている表れでもある。

二〇〇〇年五月には、トロントでメディア・リテラシーの国際会議「サミット二〇〇〇」が開催されたが、チャムは会議のメイン・スポンサーとして資金提供も行っている。興味深いのは、このテレビ局が公共放送でも教育専門チャンネルでもない、若者向けのアート系専門局などからなる民間放送局であるという点だ。

ビジョンある経営者

チャムテレビは、卓越したセンスと抜群のアイディアを持ち合わせるモーゼス・ズナイマーが起業した革新的な独立放送局である。トロントは、北米でも有数の多民族都市として知られるが、タジキスタンから移民してきたズナイマーは、少年時代から金髪碧眼の白人男性ばかりが登場するテレビは現実社会を映し出していない、と感じていた。ハーバード大学などで学び、カナダの公共放送でディレクターをつとめた後、「社会の多様性を反映したテレビ番組を作ってみたい」と、七二年に「トロントの街をそのまま映し出すようなテレビ局」をコンセプトに、地元に根ざしたローカル局「シティTV」を開局。その成功をバネに、音楽専門局などを次々と立ち上げ、現在六つのローカル局、七つの専門局、二四のラジオ局を持つ総合放送会社チャムテレビの副社長とシティTVの社長をつとめている。

ズナイマーは、独特のテレビ観を持つことで知られている。「テレビの本質は流れであり、番組ではない。大事なのは制作過程であり、結果ではない」。彼は、テレビ番組で大切なのは、作られた番組そのものではなく、その過程にあると見る。プロセスを重要視する考え方や、現実を反映させたテレビのあり方、文化の多様性を大切にし、視聴者の声に積極的に耳を傾け、社会問題にも真剣に取り組むといった開局以来の方針と、メディア・リテラシーの基本精神には一致するものが多く、「メディア・リテラシーを支援することは、局にとって自然な流れだった」とメディア教育部のクロフォードは言う。

ズナイマーの思想は本社ビルの随所に見て取れる。入口の横にある、ビデオブース「スピーカーズ・コーナー」では、誰もが画面に向かって「ビデオ版の投書」ができる。仰々しいセットでの収録を嫌うズナイマーのスタイルなのか、ビルの中にはスタジオらしきものはほとんどない。ニュース番組のコンセプトは「街をスタジオに」。大人数のクルーではなく、小型カメラで撮影からレポートまでを一人でこなす「ビデオグラファー」(ビデオジャーナリスト)が、小回りの良さを活かして街を駆けまわり、人々の日常をスケッチする。市内には一〇〇台以上のリモコン式カメラが設置され、街の様子が「ありのまま」に中継される。番組には、外国なまり丸出しのキャスターから、肌の色も様々なレポーターが登場する。出演者は自然体の分、とちりも多く、カメラのぶれもしょっちゅうで、制作途中と見まがうような番組も少なくない。セクシーなミュージックビデオが流れたかと思えば、「エイズに気を付けよう」と大まじめに訴えるメッセージが続いたりする。

チャムの番組は、ポップカルチャーを世に送り出す一方で、その舞台裏を批判的に見る作品が多い。「ファッションTV」は、一五年も前から他局に先がけて、文化としてのファッションに注目し、その文化的・商業的な構造を追ってきた。「ムービー・テレビジョン」も、監督やスターのインタビューなどを盛り込みながら、作品の裏側に鋭く迫る人気番組だ。既成概念をうち破る独特のスタイルは、カナダはもとより世界各国で人気を呼び、一〇〇カ国以上に配給される番組も数多く制作する。ズナイマーの斬新さは、エンターテインメントの本場アメリカでも注目を浴び、視察に訪れる業界関係者も数多い。

メディア教師を惹きつける

なかでも、音楽専門局「マッチ・ミュージック」が八九年から放送している「ニューミュージック」は、番組を教材に使いたいとの問い合わせがメディア教師から数多く寄せられ、チャムがメディア・リテラシーの支援に乗り出すきっかけをつくった番組だ。

この番組は、ティーンに絶大なる影響力を持つ音楽を、テーマごと様々な側面から批判的に捉えていくが、最近取り上げたエピソードには、ミュージシャンのイメージと、それを表すCDのカバーのデザインやファッション、彼らを真似るティーンについて考えてみる「パブリック・イメージ」、ビデオに描かれる女性について考えた「女性のイメージ」などがあり、またアルコールとタバコをテーマにしたエピソードでは、音楽やスポーツ番組、その他のイベントがスポンサーとどう関係しているのかが検証された。一〇代がターゲットの番組や催しで、アルコールやタバコの広告や販売促進を行うのは倫理にかなっているか、有名人が広告に登場するのをどう思うか、こうしたプロモーションは、実際に喫煙や飲酒を増やしているのか、などを視聴者に考えさせた。番組は、広告と娯楽産業の融合を示すことで、子ども達が知らぬ間に企業のターゲットになっていることに批判が向けられている。また、若者に人気のミュージックビデオにはなぜ過剰な暴力が頻繁に使われるのかを、一四の作品を例に検証した「音楽における暴力」も興味深い。クロフォードは、メディアに描かれる暴力は若者文化に広く浸透しているとみて、「なぜこうした番組が作られるのか、批判的な視点を養い、子ども達が暴力の加害者にも被害者にもならないようにしなければ」と番組の狙いを説明する。

彼女は、「メディアを教える教師たちから連絡を受けて、教育現場ではこういう番組を教材に使いたがっている、と初めて気がついた」と言う。そこで、試しに番組内容に沿った教材を作成して無料で配布したところ、評判は上々だった。そこでこれを機会に、エピソードごとに番組に合わせた教材が、作られるようになったのである。

一方、「トゥーマッチ・フォーマッチ」は、音楽について、ミュージシャンから教師、生徒、音楽関係者などが登場する不定期のフォーラム形式を取り、視聴者からのファックスや電話も受け付けるインタラクティブな番組だ。人気女性グループのスパイス・ガールズのキャッチフレーズである「ガールパワー」をテーマにしたときには、「フェミニズムを商売のネタにしている」「マーケティングのために作られたもの」との意見が若者から出された。また、過激なロック歌手マリリン・マンソンを取り上げた時には、音楽がティーンの行動にどう影響するのか、ミュージシャンが意表をついたことをするのは、レコードを売るためなのかなどを考えた。

また、ズナイマー自らが関わり、社会のあらゆる現象をメディアというレンズを通してとらえていく番組「メディア・テレビジョン」も、メディアのプロセスを検証していく番組手法が格好の教材になると考えられ、ビデオ教材化が実現した。四〇本の番組をまとめたビデオは、「メディアは現実をどう描くか」「イメージと価値観を売る」「我々を取り巻く作られた世界」「地球市民／テクノロジー」とテーマごとに分けられ、ベネトン社の広告や、若者の投票を増やすためのロックコンサート、サラエボのテレビ局、テレビの描く暴力、などのエピソードが盛り込まれたものだ。テンポよく軽快で洗練されていながらも、鋭いテーマをとりあげている番組はまさに、教材にぴったりだ。テクストは、AMLのプンジェンテとアンダーセンが執筆しているが、教材は高く評価され、九六年にはニューヨーク非放送メディア国際フェスティバル金賞、同年マジソン国際フィルムフェスティバルで銅賞を受賞するという成功を収めている。

シティTVの人気番組がメディア・リテラシー教材として生まれかわった.

　当時広報担当として、こうした協力を求めてくる教師たちと接するうちに、クロフォードは彼らが既存の教育システムの枠内で得られないことをチャムに要求してくることに気がつき、メディア・リテラシーを積極的に支援する必要性を痛感する。「正式に予算をとって、メディア・リテラシーを支援したい」との彼女の訴えは、社会的責任を重要視するズナイマーにも快く受け入れられ、九七年のメディア教育部の設置へと発展する。

チャムの番組の企画や教材開発には、メディア教師たちが深く関わっている。九七年にアート系専門チャンネル「ブラボー」でスタートした「スキャニング・

人気映画の分析番組

ザ・ムービー」は、メディア・リテラシーのNPO代表でAML中心メンバーのプンジェンテを番組のアドバイザーだけでなく、司会にも抜擢するという大胆な試みを行った。番組コンサルタントで、学習ガイドを執筆するのは、メディア教師のアンダーセンだ。番組は、最新の映画をシーンごとに細かく見ていく他、ストーリー展開や映画ができるまでの舞台裏、マーケティング手法、映像のトリックなどについても検討する。チャムはこれまでも、メディア・リテラシーの授業に活用されるような番組を制作してきたが、企画段階からメディア・リテラシーを意識した作品は始めてだ。

放送は月に一度の金曜夜八時というゴールデンタイム。最近取り上げた興味深いエピソードには、メグ・ライアンとトム・ハンクスが主演、仕事上のライバルがそれとは知らずに電子メールを通じて恋に落ちる「ユー・ガット・メール」がある。番組では、原作の解説や「恋愛もの」というジャンルについて考えたり、二人の性格の違いが小道具などでどう演出されているのか、メールのやりとりという単調なシーンをどう映像で工夫しながらストーリーを展開させているのか、などを見ていく。また、実際にインターネット上で知り合ってゴールインしたカップルのインタビューも登場し、映画と現実社会の違いについても考えさせる。また、インターネットで公開されている番組の学習ガイドには、メールと実際の会話の違い、映画の中で宣伝に使われている様々な商品について検討を加える授業案もある。

「スキャニング・ザ・ムービー」で司会をつとめるジョン・プンジェンテはメディア・リテラシーのNPO代表でAMLの中心メンバー.(写真提供:チャムテレビ)

こうした番組は、チャムテレビの放送とは別に、「ケーブル・イン・ザ・クラスルーム」というケーブル会社が出資して、カナダ中の公立学校に無料でケーブルの接続と番組を提供する非営利サービスを通じて、コマーシャルなし、著作権処理済みで再放送され、教師は番組を録画して授業に使うことができる。このサービスには、ニュース専門のCNN、ドキュメンタリーの「ディスカバリー」なども参加しており、放送されるほとんどの番組に学習ガイドが用意され、インターネット上から取り出すことができる。こうした経路でチャムのメディア・リテラシー関連番組も、授業に活用されているのだ。

一般の放送局がタブーとするメディア批判番組を数多く制作するチャムだが、スポンサーとの関係はどうなっているのだろうか？ 今でこそ数々の賞に輝き

スポンサーの圧力をかわす

高く評価されている「メディア・テレビジョン」も、放送開始時は業界から猛反発をくらうという苦い経験をしている。「メディア業界、特に広告業界から批判の声があがりました。メディアの裏にあるものを曝されるのに恐怖心があったんでしょう」と番組ディレクターのレイド・ウィルスは説明する。「広告業界は、自分たちに有利な情報を出してもらうことに慣れていますからね。彼らは、番組でメッタ切りにされると思って怖がっていたのです。我々は企業の個別攻撃をしているのではなく、様々なケースを使ってメディアの仕組みを伝えているだけなのですが……」。

今はスポンサーからのプレッシャーはないのだろうか？

「たとえあったとしても、無視しますよ。たとえば、ビール会社の広告に迫るときはビール会社の広告はつかなくても、他の番組の時にスポンサーになってもらえば良いのです。面白い番組を作っている限り、そんな心配はいらないことがわかったのです」

また、「マッチ・ミュージック」では、タバコやアルコール会社と音楽マーケティングを検証したり、「スキャニング・ザ・ムービー」では、映画のなかで何気なく宣伝されているもの

について考えさせたりするが、問題はないのだろうか？「個々の企業を批判しているのではなく、こういう傾向があると言っているだけなので特に問題はありません。たとえ批判されていても、商品が多くの人に見られればそれもまた宣伝になるのですから、企業にとっても支障はないはずです」と、メディア教育部のクロフォードは攻めの構えだ。

批判的視聴者は局のメリット

チャムテレビが、こうしたユニークな番組を始めたのは、局開設時からのポリシーと相まって、視聴者がテレビ番組に要求するのは、表面的なことではなく、物事の深層を知りたがっているのがわかったからだという。「当初は視聴率抜きでやってきましたが、予想以上の支持を得てビジネスとしても成功しています。ですから、さらにこうした番組が増えているのです。ドライでつまらない教育番組とは違うし、視聴率も良いからプライムタイムにも放送できるのです」とクロフォードは言う。

また、チャムがメディア教育の支援をする理由のひとつには「インテリジェンスのある視聴者を育てることにある」。クロフォードによれば、社会的な文脈におけるテレビを広く理解し、テレビに新たな価値を見いだす視聴者の存在は、新しいタイプのマーケットを作り、高度なコンテンツ(番組内容)作りにも役立ち、将来の作り手のレベルアップにもつながるため、ビジネスにもプラスになり、業界にとっても歓迎すべきことだという。とりわけ、最近はインターネットの影響などでテレビ視聴者の数が減ってきているだけに、洗練された視聴者の育成は重要だという。こうした思想は、英国映画協会（BFI）が、映画を使ったメディア・リテラシーを支援しているのと同じような発想だ。

チャムほどの積極性は欠けるものの、メディア事業者による支援も行われている。公共放送CBCや、テレビ・オンタリオは、メディア・リテラシーの教材を開発し、ホームページを通じても関連の情報を提供している。映画会社のワーナーブラザーズ・カナダは、映画の暴力に関する学習ガイドを作成する一方、先の「スキャニング・ザ・ムービー」に映画素材を提供している。また、国立映画評議会は、「イメージと意味」、「メディアと社会」、「現実を構成する」、といったテーマからなるビデオとブックレットを開発している。

しかし、こうした動きがある一方でメディア業界の間でも、メディア・リテラシーの認知度は決して高くない。「メディア・リテラシーは業界ではまだまだよく知られていないし、知っていたとしても、こうした事業に関わること自体を怖がっている」と言うのはクロフォード。「メディア業界との協力関係は不可欠だが、メディア・リテラシーはメディア叩きだと誤解されている」と言うのはAMLのダンカンだ。

また、チャムテレビと教師たちの協力関係を理想的と見る一方で、メディア・リテラシーがテレビ局によってコントロールされてしまわないか、と危惧する声もある。メディア所有者の意向がコンテンツに反映する、というメディア・リテラシーの原則を考えれば、放送局に都合がよいメディア・リテラシー論が展開されるのではないか、と考えられるのも当然かもしれない。チャムもこうした点は心得ており、「多くの教師はメディア企業に対して懐疑的なため、まずは教師の信用を得ることが大事」とクロフォードは語る。教材開発なども全面的に教師に任せているのも、自分たちだけでやってしまえば、ただの宣伝だと思われる可能性があるからだ。使用する教材も、自社番組以外のものを盛り込み、自社広告を入れないなどの配慮もしている。

メディア企業の支援を得ることが無条件に良いとは言えない側面もあるが、メディア・リテラシーを発展させるためには、学校の枠組みを越えた様々な団体との協力関係が不可欠なことも事実である。ユネスコをはじめ、世界のメディア教育関係者がチャムテレビとオンタリオの教師たちのパートナーシップに注目している背景もそこにあるのだ。

挑戦続けるAML

ＡＭＬの中心メンバーであり、メディア・リテラシーに関する幅広い活動を展開するプンジェンテは、世界各国での調査を元にメディア・リテラシーを成功させる秘訣をまとめている。それによると、草の根からの動き、カリキュラムへの導入、教員訓練や教材の充実、教師・親・研究者・メディア関係者との協力関係がカギになるという。

オンタリオ州は、こうした条件をクリアし、各国からもモデルのひとつとして評価されてきたが、州政府の予算も豊富で教員研修制度も充実し、ＡＭＬの会員も一〇〇〇人近くだった八〇年代後半から九〇年代初頭の「黄金期」に比べると、現在は当時の活気がなくなっていると言われている。予算や人員の削減、コンピュータ教育の強化という新しい課題の元で教師が時間的にも余裕がなくなり、メディア・リテラシーに対する関心も低下しているという。その証拠に、AMLの会員数もひと頃の半数近くまで減少しているというのだ。

それに加えて、オンタリオ州では、現在の州保守政権がメディア・リテラシーの逆風になり、カリキュラムが見直しされ、九八年には高校レベルのメディア・リテラシーが取り除かれるとの方針が決まってしまったのだ。AMLはさっそく削除を取り消すように、積極的なロビー活動を展開。その結果、メディア・リテラシーをカリキュラムに無事にとどめることに成功した。しかし、言いかえればこうした出来事は、メディア・リテラシーがいかに危ういものであるかを物語っている。

「カリキュラムが混み合っているというのが削除の理由になっていますが、私の感触では政府は情報を解読する力を持ち、現状に疑問を向ける市民を養成することを懸念しているためだと思います」とダンカンは語る。メディア・リテラシーは、伝統的な教育を支持する人からは左翼的・革新的であると見られることも多く、微妙な立場にある科目だと言うのだ。真相を確かめようとオンタリオ州教育省に連絡をとってみたが、たらいまわしにされたあげく、取材には応じられないと断わられるばかりだった。そのため真相は分からずじまいだが、イギリスでも保守政権下で同様の動きがあったことを考えれば、時の政権の存在はメディア・リテラシーのあり方に大きく影響していると言えそうだ。AMLは、八七年にメディア・リテラシーをカリキュラムに取り入れることに成功しているが、その理由としては当時のリベラル政権の存在も大きかったのだ。

こうした問題とは別に、メディア・リテラシーが全国レベルに広まり、各地で独自の実践が進むようになると、パイオニアとしてのAMLの存在が高く評価される一方で、彼らのインパクトが強すぎて、多様性を欠くと危惧する声も出ている。バンクーバーのメディア・リテラシーの中心人物ダン・ブレークは、「オンタリオ方式とは別に、独自の方法を開拓していくつもりだ」と決意を語っているが、見方を変えれば、こうした発言は、各地の取り組みが成熟してきたあらわれとも言えるかもしれない。

課題は山積しているが、明るい兆しもある。イギリス同様、メディアに親しみ、メディアを学習した世代の教師が増えてくるにつれて、メディア・リテラシーを支持する声が高まっているのだ。取材中に知り合った、トロント大学の大学院生は、八九年に高校の国語の授業でメディア・リテラシーを学んだが「とても勉強になりましたし、今でも役立っています」と言い、「これからの若い世代が、メディアについて学ぶことは重要だと思う」と話してくれた。

AMLの長年にわたる業績も評価を受けている。ダンカンは九五年、国語教育の功績に対して贈られる、メロンコーニー賞を受賞。AMLも九八年、ブラジルで開かれた国際会議で、メディア教育世界評議会賞を受賞するという栄誉に輝いている（本章扉写真参照）。二〇〇〇年五月にはトロントで開催されたメディア・リテラシーの国際会議のホストをつとめ、五五カ国から一五〇〇人を集めている。組織の後ろ盾を持たないカナダの教師たちによる地道なボランティア活動は、メディア・リテラシーへの関心が高まる諸外国からも大きな注目を浴び、各国からの招待でAMLの中心メンバーが、ヨーロッパ、アジア、南米、ロシアをはじめ世界各国で話をする機会も増えている。ダンカンは現在、会長のポストを退き、新陳代謝を良くし活動を次世代につなげるためにも、若手の女性教師キャロリン・ウィルソンが後任をつとめパワーアップを図っている。メディア・リテラシーの将来は不透明な部分も少なくないが、それだからこそ、AMLのような組織がこれからも活動の場を失うことはないのだろう。

第3章

アメリカの草の根メディア活動

「メディアを市民に解放せよ」とニューヨークのタイムズスクエアで訴えるメディア活動家たち.

1　活躍する子どもジャーナリスト

子どもが見た世界

「メディアはティーンの実像を伝えきれていないと思う。子どものことは子どもが一番よく知っているはずなのに、僕らの声は排除されて大人が僕らについて語っている」。こう指摘するのは、一四歳のジャーナリスト、ラフィア・バーンズ。「子どもがニュースになるのは、射殺事件とか暴力とか、悪いことが起こった時が多い。「今の子どもはラップを聴いて暴力的だ」みたいなステレオタイプはどうかと思う」。

メディアの世界では、ティーンの問題を取材するのも、それにコメントを寄せるのも大人ばかり。「どうせ子どもは何も知らない」と相手にされず、当事者の子ども達から遠いところで、青少年の問題が議論されることは珍しくない。

こうした大人中心のジャーナリズムの世界に、子どもの視点から見たニュースを送りこんでいるのが、子どもによるニュースを配信するNPO「チルドレンズ・エクスプレス」(子ども通信社)だ。八歳から一八歳までのボランティアのジャーナリストたちは、放課後や休みを利用して、取材から執筆・番組作りまでの全てを自分たちの手で行い、編集会議に大人が参加することも許さない。（ただし、最終的な原稿や番組は、大人の編集者によってチェックされている。）学校教育とは全く異なるルールのもとで、子ども達によるジャーナリズム活動が行われているのだ。

学校教育の限界

私が、こうした団体に興味を持つようになったのは、イギリスやカナダなどでの取材を通して学校教育でメディア・リテラシーを教えることの限界が見えてきたことにある。各国で、メディア・リテラシーが学校教育として根づき、創意工夫に富んだ授業が展開されているのを目《ま》の当たりにするのは、刺激的で学ぶことも多かったが、学校では、ある種の無菌状態のなかで、メディアが「公式」に沿って一方的に読み解かれることで完結してしまい、生徒の自由で主体的な思考を育むはずのメディア・リテラシーにダイナミックな学びの要素が欠如し、メディアの学習が形骸化しているように思えたのだ。また、授業でメディアの「問題」を認識したとしても、それをどう改善していけばよいか、という前向きに考える動機を与えるまでには至っておらず、生徒たち自身がメディアを使って積極的に表現していく時間的な余裕もほとんどない。こうした背景には、授業時間やカリキュラムなど様々な制約が存在することもあるが、基本的にはいずれの国においても、学校では教師が生徒にものを教えるというスタイルをとらざるを得ず、それが子どもを主体とした学びのハードルになっているように感じられるのだ。

メディア・リテラシー研究の第一人者レン・マスターマンは、メディア教育の「一八の基本原則」の第一ポイントで「メディア・リテラシーは重大で意義深い活動である。その中心となるのは、多くの人が力をつけ、社会の民主主義構造を強化することにある」とし、また、「民主的な制度や真の参加民主主義の確立は、どれだけ多くの人が主体性を持ち、メディアの送り手に必要に応じて変化を迫り、合理的な選択をし、メディアに積極的に関わることで、効果的にコミュニケーションをはかることができるかにかかっている」(論文「メディア教育の理論的根拠」)とも指摘する。

ところが、マスターマンの主張は世界各国の関係者の間で広く受け入れられているにもかかわらず、教育現場を取材した限りでは、こうした思想に触れる機会はなかった。メディア・リテラシーは、現状にチャレンジしていくという点で革新的であり、批判的な市民を育成するという目標は、体制側にとっては必ずしもありがたいことではなく、むしろ学校教育とは相容れない側面があるようなのだ。

カナダ・オンタリオ州で、教育省がメディア・リテラシーをカリキュラムから取り除くことを検討したのも、この「政治性」によるものだと言われている。また、イギリスでは保守政権下で、やはりカリキュラムから一時、取り除かれている。メディア教師たちは「左翼」とのレッテルを恐れて、なるべく政治的・社会的な面に立ち入らないようにしている面もある。しかし、メディア・リテラシーが、生涯にわたって身につけるべき主体的な能力であり、それによって民主主義の構造を強化するものであるならば、学校教育での基礎的な学習に加えて、もう一歩踏み込んだメディアとの積極的な関わりがあってもよいのではないだろうか。

アメリカでは、学校教育におけるメディア・リテラシーとは別に、まさにマスターマンが指摘するようなメディアの民主化の実現に向けた実践を行い、成果をあげている団体が存在する。それが、ここに紹介するNPOを中心としたメディア団体の取り組みである。そのなかでも、学校教育とは全く別の枠組みで社会にチャレンジしていくチルドレンズ・エクスプレスのダイナミックな学びの様相は、学校教育を通したメディアの学習を再考する上でも示唆に富んでいる。そもそも、メディア・リテラシーの基本である批判的思考を教え込むということにも矛盾があるが、ここでは子どもが主体となって学習が進んでいるだけに、枠にとらわれないより自由な発想が可能になるのだ。

賞総なめの子ども記者たち

チルドレンズ・エクスプレス(CE)の設立は一九七五年にさかのぼる。社会的弱者である子どもの声が世の中に届くことの重要性を痛感していたニューヨークのある弁護士が、自宅を拠点にスタートさせたのが始まりだ。二五年後の今ではアメリカとイギリスに七つの支局を構え、七五〇人の記者を抱える非営利の国際ニュースサービス団体へと成長した。二〇〇一年にオープンする東京支局をはじめ、北アイルランド、

ブッシュ大統領(当時)に詰め寄り，コメントをとるCE記者．(写真提供：チルドレンズ・エクスプレス)

ドイツ、南アフリカ、ベトナムなど二〇一〇年までには世界中に二九の支局を開く計画だ。

CEの本部は、首都ワシントンDCのホワイトハウスにほど近い古びたビルの一室にある。オフィスの廊下には、記者たちがインタビューしたクリントン大統領、ヒラリー大統領夫人、カーター元大統領をはじめ歴代の政界リーダーたちの写真が飾られてあった。ニュースルームをのぞくと、電話インタビューや打ち合わせなど子ども記者が忙しそうに動き回っている。エリック・グラハム代表は、「大人は経験も豊富だが固定観念もある。その点、子ども達はどんな相手にもストレートに質問をぶつけるから、パワフルなコメントを引き出すことができる」と、彼らの取材能力を高く評価する。

こうした言葉を裏付けるように、設立翌年の一九七六年には、米民主党大会を取材していた一二歳のCE記者がカーター大統領候補が副大統領にウォルター・モンデール氏を指名するとスクープして脚光を浴びた。八二年にはCEの優れた活動全般に対してピューリッツア賞にノミネート、八八年の大統領選挙報道では、一二歳のCE記者が、堕胎に反対する保守派のダン・クエール共和党副大統領候補に、「自分が父親にレイプされて妊娠した場合は堕胎すべきか」と判断の難しい質問をぶつけた。アメリカでは宗教的な理由から中絶に反対する勢力も根強いが、クエール氏の答えはいかなる場合でも堕胎はノーというものだった。このインタビューを含む報道番組はピーボディ賞を受賞。九四年にはナショナル・パブリックラジオで放送された「ホームレスのティーン、路上生活を語る」でケーシーメダル賞を受賞するなど、大人のジャーナリストを向こうにまわして大活躍している。

社会問題を子どもの視点から

CEのニュースは、「ニューヨークタイムズ・ニュースサービス」を通じて全米三五〇の新聞社に配信されるほか、イギリスの「ザ・ガーディアン」などのメジャー新聞にも登場する。海外取材も活発で、バングラディシュ、ボスニア、キューバ、ハイチ、南アフリカなどにも飛び、国際問題や世界の子どもの状況もレポートしている。ボスニアを訪れた一五歳のサシャ・ウェイトは、「ニューズウィーク」誌に、平和を祈る気持ちは大事でも、戦争はいつでも容易に起こりうるものだと現地に入って初めて実感した、と戦争の悲惨さと愚かさを感性豊かにレポートしている。

活字媒体以外にもテレビやラジオ番組を制作するほか、取材に応じてメディアに登場することもある。最近はそれにインターネットも加わった。「ニューヨークポスト」紙のホームページの子どもニュースのセクションにニュースを提供する他、CEのホームページには、九六年以降に書かれた記事がジャンル別に載せられている。これまでは通信社という性格上、配信した記事が実際に掲載されるかどうかは各紙の判断に任されていたが、ホームページという新しいメディアを得て、CEの記事を世界中に向けて発信することが可能になった。

CEがニュースで扱うテーマは、ティーンを取り巻く社会問題が多い。最近では学校での乱射事件を契機に、音楽や映画などがやり玉にあげられているなか、問題の根本的な原因を議論せずにメディアに責任転嫁する大人の風潮に一石を投じるような記事も配信した。子どもの座談会が添えられた記事もあるが、社会問題を子どもの視点から見る上でも参考になる。不登校や暴力をテーマに、子ども達の生の声を拾い集めた本も出版しているが、その本も涙なしでは読めないほどの迫力がある。CE記者は、子どもの問題について公聴会で証言した経験を持つなど、社会的な活動も行っている。「僕たちが取り上げた問題が注目を集めて、何らかの形で政策に影響するのを見て、自分でも世界を変えることができると思えるようになった」と記者の醍醐味を語るのは、CE歴五年のラフィア・バーンズ。ちなみに、CEのOB・OGの六割はジャーナリズムの世界に進み、残りの多くは行政や社会活動の分野などで活躍しているという。

素顔の子ども記者

ワシントン本部では、フロリダの取材から戻ったばかりのフランクリン・デイビスに話を聞いた。新聞社に勤める母親の強い勧めで最初はしぶしぶやって来たが、あまりの面白さにあっという間に五年が過ぎた。「大人のジャーナリストは僕にはできないような良い記事を書くのは認めるけど、ティーンに関してだけは僕の方が上手く書けると思うな」と自信たっぷりだ。アフリカ系のデイビスは、メディアが取り上げるワンパターンな黒人描写にうんざりしているとも言った。「アフリカ系の子どもはみんなギャングみたいに思われている。前向きな話題を取り上げることで、こうしたイメージを変えていきたい」と意欲満々だ。今は、グローバル化が進む世界で、人々が直面する課題やアイデンティティーの問題、多様性について考えるプロジェクトに携わっているという。

ところで、CEはメディア・リテラシーを教える団体ではないが、子ども達と話していると、そうした視点から物事を捉えていると感じることが多い。「子ども達は、日常の作業を通して二〇〇〇字の記事を三〇〇字に短縮して書きかえることで、いかに内容が変わってくるものなのかなどを身をもって経験している。学校の授業とは比べものにならないほど、メディア・リテラシーを身につけている」とグラハム代表は言う。

ジャーナリスト志望だというダン・フラディックと話していてもそれを感じた。その日は、コンピュータを使ってテレビ番組の編集作業を行っていたが、編集段階では、コメントが長すぎたり、映像がぶれていたり、カメラ目線が悪いなど、内容よりもむしろ技術的な問題でカットしなければならないものが多いと教えてくれた。「テレビを見ていても、一分のものを作るためには、一〇時間分の映像が必要なのがわかるようになった」「番組を作っていると、テレビ番組が視聴者を惹きつけるためにどんな工夫をしているのか、インタビューなら、どうやってその人を捜し出したのかがとても気になる」と言う。

ラジオ番組の制作も担当してきたフラディックは、記者として仮説と現実とのギャップに悩んだ経験もうち明けてくれた。ティーンの職探しを支援する団体を題材に、ラジオ番組を制作した時のこと。取材前には、みんながそれなりの仕事を見つけてもらってハッピー、といった展開を想定していたが、取材を始めてみると実際に仕事にありついた子どもはほんの一部で、しかも清掃係などニュースになりそうな華やかな要素がないことがわかって当惑した。番組を中断すべきかどうかかなり悩んだ末に、これが現実ならそのまま報道すべき、と判断して制作を続けたが、この時ばかりは、ニュースを作る難しさを痛感したという。

私自身がティーンに対して持っていた先入観を自覚させられたのも、フラディックと話しているときだった。否定的な答えを予想して「テレビ番組全般をどう評価するか」とたずねてみると、「アメリカのニュースは良くできていると思う」という意外な答えが返ってきた。「結局、犯罪ニュースが多いのは視聴者がよく見るから。テレビは商業目的なのだから、人が見たがるものを放送して当たり前だと思う。もしもそれが嫌なら公共放送やアクセスチャンネルを見ればいい。内容が正確である限り、どんな番組があっても構わないと思う」。

私は意表を突かれた反応に面食らってしまったが、彼の答えを聞きながら、多様な意見こそ大切だと思って取材をしていながらも、逆にそれに縛られて「今のメディアは悪い」「子どもの視点が大事」といったステレオタイプな答えを期待している自分に気づき恥ずかしくなった。

メディアが作る子どものイメージ

実際に記者を体験してみると、メディアの現実という壁にぶつかりジレンマにも遭遇するが、それと同時に既存のメディアのあり方に対する疑問がわいてくる。CEは、イギリスのロンドンとニューキャスルにふたつの支局を持ち、一三〇人の記者が活躍しているが、両支局の二七人は、九八年に野心的なプロジェクトに乗りだしている。

子ども記者たちは、日頃からマスメディアが描く子ども像と自分たちの間に大きなギャップがあると感じていたが、それがプロジェクトのスタートポイントになった。果たして、メディアが描く子どもは、現実を反映しているのだろうか。メディアが描く子ども像が、そのまま事実だと受け取られてしまったら、子どもは犠牲者か、天使か、悪魔でしかなくなってしまうのか……。メディアが映し出す子どものイメージと現実とのギャップに危惧を覚えた子ども達は、こうした疑問を晴らすために、英全国紙の四〇〇の記事を対象に内容分析に挑戦したのだ。

分析の結果、記事のタイプが七つのパターンに集約できることが判明した。

最も多いのが「犠牲者としての子ども」で、事件を起こした子どもに対して「うちの子はそんなことはしない」と、子どもにはまるで意思がないように訴えるようなタイプ。「子どもは素晴らしい」「新聞の売り上げにつながる可愛い子ども」、昔はこうじゃなかった、それに比べて最近の子どもは、というトーンの「最近の子どもは」タイプもある。「アクセサリーとしての子ども」は「彼女は有名ファッションデザイナーで二人の可愛い子どもがいます」というように子どもを飾りや勲章のように扱うもの。「勇敢で小さな天使」タイプは、子どもは完璧で悪いことなどしたことがなく、子どもに何か問題があるとすればそれは社会のせいだとするもの。大人ならこんなふうに考えられることはないのに、とCE記者は疑問を投げかけている。

こうした子どもに対するステレオタイプな見方は、取材に影響を及ぼすこともある。グラハム代表は、CE記者たちが仕事に真剣に取り組んでいるのに「可愛い」と思われて真面目にとられないことが悩みだという。

しかし、その一方で子ども記者にも、彼らなりのバイアスがあることも事実だ。メディア・リテラシー的に言えば、CEのレポートも「作られた」ものであることには変わりない。しかし、子ども記者の存在が重要なのは、子どもの視点という「言論空間」に最も欠けている見方を、社会に積極的に発信していることで、全体のバランスを取っている点だ。「大人と子どもでは、同じ現実を見ていてもその見方がまるで違います。両方の視点を社会に反映させ、多様性を打ち出すことが世界をより良い場所にすることにつながると思います」。

グラハム代表が力強く語った言葉が、今も耳に残っている。

2　メディアを監視するウォッチドッグ(番犬)

市民メディア活動

アメリカでは、こうした子どもによるメディア活動の他にも、市民によるメディア活動が盛んに行われている。一九九六年の通信法の大幅な改正によって規制緩和が進み、メディアの再編が活発化し、少数の巨大メディア複合企業が横断的にあらゆるタイプのメディアを支配し、それによってメディアの権力集中化、商業化の加速、公共的役割の衰退、多様な意見を表明する場の減少、またPR産業の台頭による広告と報道の融合などが進んでいる。こうしたメディアの動きに対して、メディア活動団体は、データを使ってメディアの報道ぶりを厳しく監視し、メディアの改善を訴えて行動を起こし、商業的に独立した公共圏を確保し、市民のメディア・アクセスを要求し、多様な視点から情報を発信するなど、幅広い活動を行っている。まさに、メディア・リテラシーを身につけ、メディアと積極的に関わり、また自らが効果的なコミュニケーションをはかることで、メディアの民主化につとめているのだ。こうした市民によるメディア活動は、教室の中でのメディア・リテラシーとはまた異なる次元から、メディアと我々のより良い関係を考える上での、大いなるヒントを提示してくれるのではないだろうか。

アイディア溢れるユニークな活動を、さっそく見ていくことにしよう。

テレビ局の免許更新を阻止

ジャーナリズムは権力の番犬(ウォッチドッグ)だといわれるが、その番犬をさらに監視するメディア・ウォッチドッグと呼ばれる団体が存在する。全米に一〇〇以上あると言われるが、コロラド州の「ロッキーマウンテン・メディアウォッチ」(RMMW)もまさにそのひとつ。全米のローカル・ニュース番組を詳細に分析し、報告書を作成するのが活動の中心だ。「ローカル・ニュースはアメリカ人の主要情報源です。それを考えれば、内容のチェックは当然だと思います」とポール・クライト代表は説明する。

アメリカでは、新聞よりもテレビからニュースを得る人が二倍近くおり、地域の身近な出来事を伝えてくれるローカル・ニュースは人々の最も貴重な情報源になっている。ところが、メディア・リテラシー的な見地から考えてみれば、こうしたニュースも現実そのものを映しだしているわけではなく、様々な出来事から取捨選択され、再構成されたものである。RMMWは、ローカル・ニュースを体系的に分析することで、ニュースが現実世界をどれくらい反映したものなのかを検証しているのである。

RMMWによると、調査を開始した九五年以来、ニュースの約三割が殺人や事件などを伝えるのに費やされ、他の話題がおろそかになっているという。犯罪ニュースの増加の背景には、テレビ局が視聴者獲得と経費削減を最優先目標に掲げていることがあるからだと、クライトは分析する。「犯罪もの」は、現場に直行するだけでニュースになり、経費と手間の割には視聴率が見込める格好の話題だ。ところが、それが市民に思わぬしわ寄せをもたらしている。犯罪ニュースの増加で、実際には犯罪数が減少しているのに、治安の悪化を感じる人が増えている、という複数の調査結果が発表されているのだ。「バランスの良いニュースは、より良い市民社会に不可欠なのに……」とクライトは嘆く。

こうした状況に危機感を覚えたRMMWは、九八年に思い切った行動に出た。地元デンバーの四つのテレビ局が免許更新を申請した際に、公共の電波を使用するに値しない、と連邦通信委員会(FCC)に申請の却下を求めたのだ。FCCへの請願書がさらにユニークなのは、各局

(1) ニュースの内容

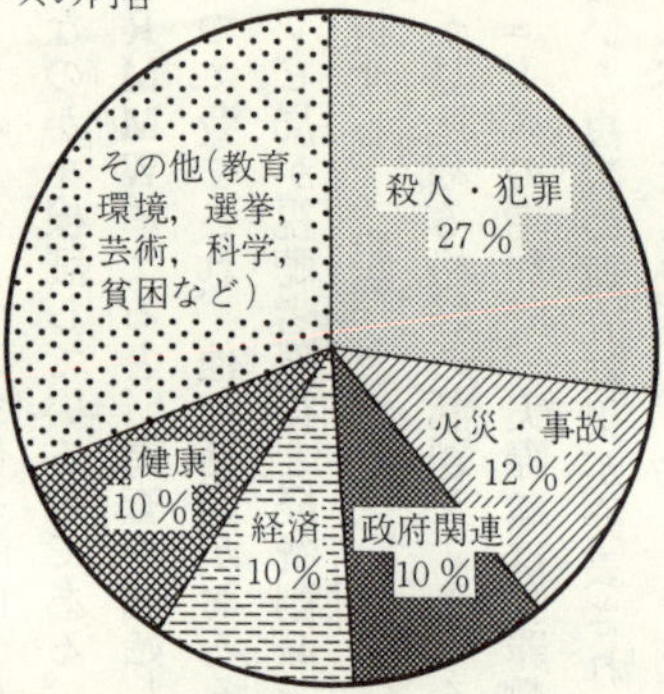

(2) 放送時間に占めるニュースの割合

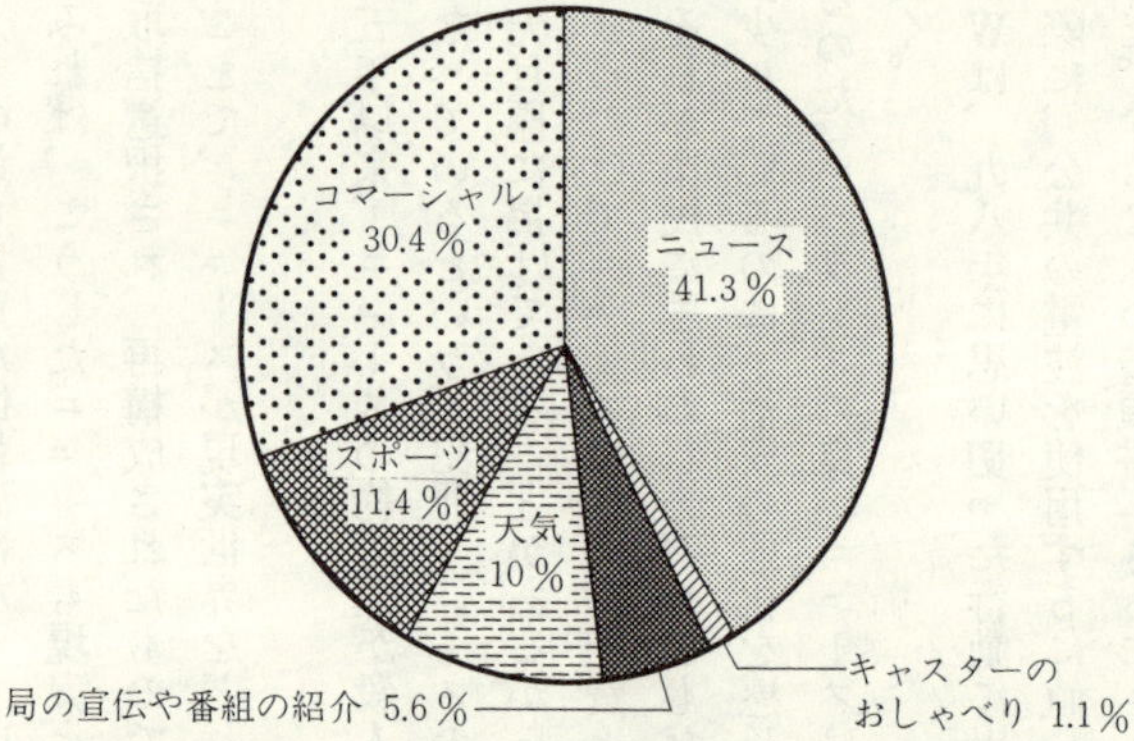

図 RMMWによる1998年のローカル・ニュース調査結果(全米52の地区合計102局を対象に，98年11月3日に一斉調査)

がプライムタイムにメディア・リテラシー番組を放送するよう義務付けを要求している点だ。最終的には、RMMWの訴えは却下されたものの、彼らに賛同する声は少なくない。

テレビ記者のケーティー・アベルも、ニュースの選択基準に問題があると考えている。彼女の新人時代の主な仕事は、ネタ探しと称して企業の新製品の案内や、報道向けの資料を集めることだった。人手不足の報道局では、企業から提供される情報をそのまま使うのは、何かと都合がよいのだ。それに較べて、いくら教育や医療関連を報道したくても、広報担当者も不在な団体から情報を集めるには、取材費や時間がかかりすぎてニュースにしにくい事情がある。それだけに、「犯罪が世の中の全てだと思わないためにも、視聴者はニュースの選択基準を知る必要がある」と彼女は言う。

公正さと正確さをチェック

同じメディア・ウォッチドッグでも、「メディアの不均衡を正すために、建設的な批判を提供し、ニュースが公正かつ正確に報道されているかどうかをチェックする」のが、ニューヨークに拠点を置く「フェア」の任務だ。数あるウォッチドッグのなかでも、影響力と行動力でリーダー的存在といえる団体だ。活動の中心は、全米に大きな影響力を持つ主要メディアの報道内容をモニターすることで、対象は活字媒体だけに止まらず、テレビ・ラジオの番組もテープに録音し、スタッフが丹念にチェックしていく。

フェアの成功の秘訣は、徹底したデータ分析にある。ダイアナ元妃死去の過熱報道に警鐘を鳴らした時には、ジョン・レノン、グレース王妃、エルビス・プレスリーら有名人が死後五週間に夜のニュースで取り上げられた時間数を調べあげ、ダイアナ報道がこの三人に関わる報道時間を合計したものの二倍近いことをまとめ上げた。報告書は、できあがった直後にメディア各社にファックスされたが、その甲斐あって多くのマスコミで引用された。素早い行動は報道の改善につながり、記者がメディアに批判的な記事を書く上でも役に立つ。

フェアが発行する隔月雑誌「エキストラ」は、有力メディアの報道を徹底的に分析することで知られている。九二年の七・八月号ではソニーがコロンビア・ピクチャーズを買収した際の報道を取り上げた。「ニューズウィーク」誌の「日本がハリウッドを侵略」などに代表されるアメリカの報道は、日本の経済進出を、第二次世界大戦の再来のような敵対心を煽る紋切り型で報道したと分析。相手が、イギリス、カナダ、フランスなら、同様の買収があってもこうしたトーンの報道はされなかったのではないかと指摘し、日本に対する差別意識を問題視している。

不公正な報道の背景には、ニュースの送り手が一部の層に偏っていることにある、というのがフェアの見解だ。九五年の調査では、人気のニュース番組「ナイトライン」のコメンテーターが、学者、医者、弁護士、政府や企業関係者が八〇%を占めているのに対して、労働、環境、人権、消費者団体などは六%、ゲストの八九%が男性で、九二%は白人だったこともわかった。

調査は、偏向を数字で裏打ちして示しているだけに、説得力がある。

フェアの活動を支えるのは、学者、ジャーナリスト、市民活動家、学生など約二万人の会員たちだ。運営費の約七割が刊行物の購読料と個人の寄付金で賄われ、残りはＮＰＯの活動に資金提供をする財団から助成を受ける。ただし、企業からの寄付金はいっさい受け付けない。政治的にも商業的にも独立した第三者団体だからこそ、報道の問題点を遠慮なく名指しで指摘できるのが強みになるからだ。

フェア創設のきっかけは、ジェフ・コーエン代表がヨーロッパに滞在していた冷戦期にさかのぼる。たまたま目にした「強いアメリカ」を誇示するレーガン大統領を表紙にあしらった「タイム」誌は、記者として調査報道に、また弁護士として労働運動にかかわったコーエンを強く刺激した。アメリカの歴代大統領は、安定した政権を維持するために、何らかの形でメディア操作を行ってきているが、とりわけレーガン大統領は、自分が望むような報道をさせるために、巧みなメディア戦略を使ってきたことで知られる。メディアは政治を監視する番犬のはずが、政府の洗練されたテクニックを前に、逆にメディアの方が操られることも多くなった。コーエンは、「アメリカのジャーナリズムは、政府のＰＲ誌に成り下がったのか」と愕然とし、この苦い思いを胸に、フェアの創設を思い立ち、八六年から活動を開始させている。

「フェアを創設した頃には、悪いのはジャーナリストだと思っていたけれど、問題はマスコミのシステムにある。メディア・ウォッチドッグはジャーナリストを企業のプレッシャーからも解放することができる」とコーエンは言う。実際、フェアがジャーナリストの「駆け込み寺」として、情報提供を受けることも頻繁にある。

記者の駆け込み寺

ABCテレビの報道番組ディレクターは、原子力に批判的な番組や環境問題を取り上げるように提案しても、上層部がボツにしたり番組の論調をトーンダウンすることが多いことが気になっていた。彼は、その原因が番組プロデューサーの妻が勤めているPR会社が、原子力関連の顧客を持つことに関係するのでは、と考えるようになり、相談を持ちかけた。フェアは訴えをもとに、三カ月かけて関係者ら一二五人に取材し、証言から事実関係を断定して、「エキストラ」誌に七ページにわたるレポートを掲載した。記事は「ニューヨークタイムズ」、「ワシントンポスト」、AP通信などに取り上げられ、この問題が多くの人の目にさらされることになった。

フェアのスタッフはテレビ・新聞・雑誌などの取材や出演を通して、メディアの問題を訴えることもある。問題報道に対しては、電話や手紙で抗議するほか、時には直接会って批判を伝える。市民にも協力を呼びかけ、不公正な報道を見つけ次第、電話・ファックス、手紙や電子メールを使ってメディアに直接抗議することを勧めている。また最近は、電子メールを活用し、ニュース番組の放送直後に、問題点を指摘したレポートを会員向けに送り、ただちにアクションを起こせるよう呼びかけることも可能になった。

フェアは「後継者」の育成にも余念がない。シニア・アナリストのスティーブン・ランデルは、アメリカのトップ・ジャーナリズム・スクールで未来の記者を前に話したものの、「学生がメディアについてあまりにも無知なのに驚いた」と嘆く。それだけに、メディア・ウォッチを始めたいという各地の要請に応えて講演に出ることも多くなった。「番犬」のバイブル『メディア・アクティビズム・キット』には、報道の偏向の見つけ方、効果的な抗議文の書き方などがずらりと並ぶ。まさに行動する市民のための、メディア・リテラシーの「教科書」といった内容だ。

メディア監視団体フェアのシニア・アナリスト，スティーブン・ランデル．

「一〇年前にはメディア・ウォッチドッグといっても、ピンと来る人は少なかったけど、最近は風向きも変わってきた」とランデルは言う。

ニュースにならなかったニュース

フェアが報道を監視するのを活動の中心に据えているのに対して、国民が知る必要があるにもかかわらず、ほとんど報道されていない「検閲ニュース」のランク付けをするのが、カリフォルニア州立ソノマ大学のピーター・フィリップス教授率いる「検閲プロジェクト」だ。世の中にはニュースが氾濫しているにもかかわらず、内容が横並びで多様性が欠如していると言われるが、プロジェクトの目的は、既存のニュースとは異なる基準から埋もれたニュースを掘り起こすとともに、多様なメディアから情報を得ることの重要性を訴えることにあり、「検閲ニュース」は、文字通りの検閲を意味するわけではない。

検閲プロジェクトは、情報の自由な流れを促進させるために、一九七六年、ソノマ大学のカール・ジェンセン教授が立ち上げたNPOで、大学教授、学生、ジャーナリスト、一般市民などのメンバーから構成される。ランキングの作成に際しては、アメリカに関わるニュースであることを条件に、一般から公募する。スタッフは、世界中から寄せられた数千件の記事を丹念にチェックし、五〇〇本までに絞り込み、それを評価チームが審査する。最終的に残った一六〇本から、重要度に対して報道頻度の低いものが、投票の結果ランク付けされる。九九年には、合計一七五人がこのプロセスに関わっているが、プロジェクトはまさにチームワークの賜物である。七六年以来、ランキングは毎年報告書として出版され、中規模以上の書店であればどこでも入手できる。

検閲ニュースは、活字メディアに絞っているが、ランクインしたものには、日本でいうミニコミ誌にあたる「オルタナティブ・メディア」で発表されたものが多い。オルタナティブとは、「伝統的な価値に替わる」「もうひとつの」といった意味で、メインストリーム（主流）・メディアに対して使われるが、主流と異なるリベラルな視点を提供するのが特徴だ。米外交政策やフォードの乗用車の欠陥を暴露するなど、タフな調査報道で知られる「マザージョーンズ」誌はその代表格で、環境、人権、メディアなどに関する報道が多い「ネーション」誌もよく知られている。

九九年の検閲ニュースのトップ二五を飾った、ニュースの一例を見てみよう。

「ビジネスという名の下に、石油会社を始めとする多国籍企業は、各国政府との関係を強化するため、残虐な人権侵害の現状に見て見ぬふりをしている」（第一位）

「バイアグラに代表される利益になる薬品のみが次々と開発され、貧しい人々を助ける薬の開発がおざなりにされている」（第二位）

「米癌協会は、一般から癌の治療開発にと莫大な寄付金を得ているが、大半が研究ではなく役員の報酬などに使われている」（第三位）

「米メディアが報じる外国ニュースが激減している」（第七位）

「北朝鮮の飢餓を政治プロパガンダからのみ報じ、人道的視点が欠けている」(第十四位)

過去にランクインした記事、九七年第三位「ビジネスがアメリカの大学をコントロールし影響しようとしている」では、大学に対する企業の寄付金はヒモ付きでないと言われるが、その実体を徹底的に検証している。一方「インターネットの民営化」は九五年の第四位。九五年、インターネットは米科学財団の管理下から離れ、巨大企業がサイバースペースを「支配」するようになったが、そのことが言論の自由に与える影響についてメディアが無関心であることに危惧を抱き、サイバースペースにおける公共空間の確保の必要性を訴えた記事だ。

ジャンクフード・ニュース

検閲ニュースとは別に、「ジャンクフード・ニュース」のカテゴリーもある。ジャンクとは、栄養価のないクズの食べ物という意味だが、一般的に社会的な意義などの重要性が低いと考えられているにもかかわらず、最も頻繁に報道されるニュースである。ここでは、検閲ニュースと違い、テレビ報道も含まれる。

九九年に栄誉ある(?)第一位の座を獲得したのは、ホモセクシャルに対する政治家の失言、二位にはポケモン・ブーム、四位にはミレニアム・フィーバー、六位は映画「スターウォーズ」の最新作、七位はクリントン大統領の私生活、八位には続発する学校での乱射事件、そして九位は飛行機事故で他界したケネディ元大統領の子息の報道だった。九六年には、有名人の一連の妊娠報道がトップ。九四年から三年連続ランクされたのは、黒人の元花形フットボール選手で、白人の妻とその友人を殺害した疑いで逮捕されたO・J・シンプソンの報道だ。

ジャンクフード・ニュースの増加の背景には、メディアの利益主義が関係しており、事件や芸能関連の話題は、調査報道のように長期にわたる出張・調査などの人件費がかからない上に、少ないスタッフで対応ができると分析している。学校での乱射事件も、恐怖をあおり立てるように、くり返しくり返し報道される。映画関連ニュースは、PR用の映像をそのまま使うことができるため手間がかからず、ケネディ報道では、故ケネディ大統領やジャクリーン夫人の過去の映像がリサイクルできるために安くでき、その上、有名人ニュースは視聴率が期待できるためだという。もちろん、ジャンクフード・ニュースが全て悪いわけではないが、こうした話題ばかりがニュースを独占すれば、他に割かれるスペースが少なくなり、ニュースメニューに多様性がなくなってしまう。報告書は、メディアの利益ばかりが優先され、国民に対する責任を果たしていないメディアを問題視している。

重要ニュースの基準とは

検閲ニュースは、そのユニークさが評価される一方で、リストアップされたニュースに誰もが満足しているわけではない。政治雑誌「ニューリパブリック」のウィリアム・パワーズ記者は、九七年七月七日付の同誌に「主流の報道機関が常に正しいというわけではないが」と前置きした上でこう書いている。「(検閲プロジェクトは)自分たちが好む見解が主流メディアで取り上げられていないことで、敗北者だと認めたくない。そこで、検閲された、と騒いでいるのだ」。
プロジェクトを率いるフィリップス教授は、「記事を選ぶプロセスには主観的な判断が入らざるを得ないが、重要なニュースを最も公平に選ぶように努力している点では信頼を得ている。時には、カテゴリーが偏っているなどと不満の声を受けることもあるが、特定のカテゴリーを選ぶようなシステムはなく、審査プロセスには一七五人が参加するという集団の決定により決められている」と報告書で述べている。しかし、過去のリストをたどってみると、「米国や米企業が関係した、米国外での問題行動」や「一般に歓迎されるニュースの裏側にある事実」といったニュースが多いようにも思える。

何れにせよ、教授自らが語るように、どんな重要ニュースも主観的な判断に基づいて選ばれたものであり、万人が同意するものなどあり得ない。他の団体が同様のリストを作れば、いくらそれが「公平」に行われたとしても、全く違ったものになってしまう。大切なことは、多様な世界観を反映したニュースが存在することを積極的に紹介し続けて行くことであり、さらに、新たな価値基準を設定する「検閲プロジェクト」に続く団体がどんどん出現し、多様性に富む「検閲ニュース」を積極的に発信していくことではないだろうか。

PRをウォッチ

これまでみてきたウォッチドッグが、すでに発表されたニュースをチェックの対象にしているのに対して、ニュースが作られる過程でパブリック・リレーションズ

(PR)会社がどのように影響力を発揮しているのかを徹底して調べ上げ、市民に情報提供しているのがジョン・スタバーだ。

スタバーが、PR会社の存在を意識し始めたのは、九〇年代初頭。経済分析を行うNPOで、牛の成長を促進させるホルモン剤が人体に及ぼす影響を研究していた頃だ。その後、ホルモン剤は米食品医薬品局で承認されたが、問題を調べていくうちに、PR会社がホルモン剤の製造会社のためにPR戦略を展開していたことがわかった。「世論を形成し、政策が決定される過程で、PR会社が大きな影響力を持つことを目の当たりにした」とスタバーは振り返る。この出来事をきっかけに、彼は市民やジャーナリストがPRについての理解を深めることの重要性を実感。九三年、全米初のPR監視団体を設立、PR業界の内幕に迫る調査報道を満載したニュースレター「PRウォッチ」の発行も行っている。ジャーナリストを念頭において活動しているのは、PR会社は顧客に有利な情報を記者に巧みに提供することで、記事の内容を有利なものにし、世論形成に影響力を与える戦略をとることが多いからだ。

「PRウォッチ」は、これまでにも、遺伝子組み替え食品に対するイメージアップ、環境汚染は企業ではなく個人の問題だとする責任問題のすり変え戦略、環境破壊に対して楽観的な発言をする科学者を仲間に引き入れ、企業に有利なイメージを作る動き、禁煙運動に対して、愛煙家による「喫煙の権利」を訴える「草の根運動」を企業自らがPR会社に依頼して演出している、などと様々なテーマを取り上げている。スタバーは、調査報道以外にも、PRに関する研究を行ったり、講演で全米各地をまわることもある。

認知管理で世論を有利に

ところで、日本とアメリカではPRについての受け取められ方に違いがあるようだ。日本では、パブリック・リレーションズ(PR)が「企業体または官庁などが、その活動や商品などを広く知らせ、多くの人の理解を高めるために行う宣伝広告活動」として知られている。PRは広報と同様に使われることもあるが、広報とは「ひろく知らせること。またそのしらせ」という意味だ(いずれも『広辞苑』第五版)。一方アメリカで使われるPRには、さらに積極的な意味がある。PRは商品の販売促進や各種団体・個人のイメージアップ、政府の政策支持率の上昇や世論形成、大統領選挙戦略など、何かを単に知らせるだけではなく、好意的な世論を作り出すための積極的なコミュニケーション戦略を指しているのだ。

世界最大のPR会社バーソン・マーステラーは自らの役割をパーセプション・マネージメント(認知管理)と位置づける。大切なのは事実もさることながら、人々がそれをどう受け止めるかであり、PRは人々のパーセプションを変え、ひいては顧客のビジネスにプラスになる行動を起こさせるための、積極的なコミュニケーション活動だという。政治や外交の世界でも、PR企業が活用されている。米ホワイトハウスも大手PR会社のクライアントのひとつとして知られ、政策の中味はもとより、それがいかに自らに有利になるように報道させるかを重視していると言われる。こうした傾向は、世界的に広まっており、トニー・ブレア英首相も、支持率を維持するためにはメディア戦略が重要だとして、PR対策を強化している。また、湾岸戦争では、米PR会社ヒル&ノートンが、クウェート政府の依頼を受けて、反イラク世論を高め、米国の武力行使を正当化し、軍事介入の支持を得るための戦略作りに関わったことでも知られている。

弊害生むPRの広がり

「広告の分析はよく行われているのに、パブリック・リレーションズ(PR)について教えられている例はほとんどありません。私の経験を生かして、PRを学ぶことの重要性を訴えていきたい」と語るのは、PRの現場でキャリアを積んできたダイアン・サンプルズ。出産を機会に仕事を辞め、学校でメディアについて教え始めたが、PRが教師をはじめ一般にもほとんど知られていないことにショックを受け、PRを教える重要性を痛感。キャリアを活かして、非営利のメディア教育団体を立ち上げ、教師や生徒たちにPRや広告について教えている。先の「PRウォッチ」のスタバーと活動を共にすることもある。

サンプルズは、一般的にPRと広告は似たものだとして捉えられがちだが、両者は明らかに異なると語る。広告は商品情報や企業イメージなどを広告やコマーシャルを使ってダイレクトに伝え、誰もが一目で広告とわかるが、それに対してPRは、顧客についてニュースに取り上げてもらうようにメディアに働きかける戦略をとることが多いが、広告と違い、一般にはそれとは気づかれず、情報源は一見客観的に見えるため、PRの実態をつかむことは難しい。それに加えて、マスメディアは、信用に関わることもあり、PR会社の情報提供を受けていることを、あえて表沙汰にしないため、PR会社の存在すら一般にはほとんど認知されていない。

さらに象徴的なのは、現在、PR会社がこぞって制作し、放送局を中心に盛んに利用されているのがビデオニュース・リリース（VNR）と呼ばれる、ビデオ版のニュース・リリースの存在だ。VNRとは、企業がPRの一環として自社製品などをニュースで取り上げてもらうために、企業側が「ニュース」を制作してしまい、テレビ局がそのまますぐに放送できるように無料で提供するものだ。年間三〇〇〇本のVNRの制作を手がける大手「メディアリンク」の最新VNRでは、電気の配線の故障が原因の火災で死者やけが人が多数出て、不動産の損失額も莫大なものになっているとの統計を紹介した上で、こうした状況に対処するためにと、新製品がさりげなく登場する。VNRは、あからさまな宣伝ではなく、一般の人の声や専門家のインタビューなども含まれ、極めて客観的な作りに見えるため、通常のニュースと見分けがつきにくい。たいていのテレビ局は、信頼性に関わるためVNRの使用を否定するというが、サンプルズは全く同じVNRがローカル・ニュースやネットワークの全国ニュースなど、複数の局によってどう使われているのかを見せてくれた。受け取ったVNRをそのまま流す局もあれば、順番を入れ替えたり、素材の一部を活かして、独自取材を加える局もある。中立・公平だと考えられているニュースであればこそ、視聴者の信頼も高く、絶大な宣伝効果を発揮する。

VNRは特に、健康、テクノロジー、家庭、旅行などのジャンルで需要が多く、業界誌を読んでみると「良いVNRは、テレビ局が作ったように見えることが大事で、過剰な宣伝はかえって逆効果」などのアドバイスが載っている。ちなみにメディアリンクが制作した九八年のヒット作は、世界中の八八九の番組で取り上げられ、一億四七〇〇万人によって見られたというから驚きだ。

こうなると、必然的にPRを広告よりも重要視する団体も出てくる。ケンタッキーのある病院では、先進的な腕の接続手術が成功した患者をメディアに頻繁に登場させる戦略をとったが、その経済効果は三六〇〇万ドル分の広告料に値したという。同病院のPR担当リンダ・マックギンティは、「我々は常に(ニュースに取り上げてもらえるように)メディアに気を配っています。正直いって無料の広告ですから」と公共放送(PBS)のインタビューで、ニュースの効果について語っている。

人員不足と予算削減にあえぐ局や、多チャンネル化で番組を埋める放送時間枠が増えるにつれ、VNRの利用が急増しており、現在は年間約一万本が制作されているという。「アメリカ医療協会ジャーナル」誌は、新薬の開発や最先端の研究結果などマスコミがこぞって取り上げる情報源として知られるが、その秘密もPR戦略にある。PBSによると、同誌は年に約五〇本のVNRを制作し、その「ニュース」は一週間に二五〇〇万人に見られており、医療ニュースに大きな影響力を発揮しているというのだ。

PRにはPRで

情報化が進行し、あらゆる情報が氾濫する中、伝えたいメッセージを効果的に発信するためには、高度なコミュニケーションのテクニックの必要性は増すばかりだ。

それを考えれば、PR会社が専門性を活かして積極的に情報管理を行うことは、有効なコミュニケーションのためには不可欠だが、一方で問題も残されている。まずは、PR会社を雇って社会にメッセージを送ることができるのは、豊富な資金をバックにした企業や政府だけに限られ、そうなれば、それらに都合のよい世論や政策ばかりが広まる恐れがある。また、「中立・公平」を掲げ、社会知識を形成し、市民が何を考えるべきかの問題を設定する機能を持つ報道機関が、あらかじめ企業側の利益に沿って加工された情報を、そのまま流していることも気がかりな点だ。「企業のトップは、PRを広告よりも大切なものとして位置づけている」とサンプルズは説明するが、それはまさに情報の提供側と受け手側に不均衡があって始めて成立するという矛盾にみちた状況によっている。さらに、PR会社が、クライアントの利益を増幅させるために、サービスを提供すること自体は問題ではないが、それが必ずしも民主主義や社会正義のために行われないケースもある。業界向けニュースレター「PRニュース」(二〇〇〇年五月一日号)は、一七〇〇人のPRマンの倫理観を調べた結果を発表しているが、それによると二五%が仕事上でうそをついたことを認め、三九%が事実を誇張し、四四%が依頼を受けた仕事に疑問を持ったことがあるとして、こうした倫理観を問題視している。

九九年のPR企業評議会の調査によれば、業界トップのバーソン・マーステラーの売上高は二億七四六〇万ドル。トップ五〇社の平均成長率は三二%。過去五年間の売り上げは一四〇%増。アメリカのPR企業は、世界各国に進出し、今後も世界規模で大幅な成長が見込まれている。これに対して、サンプルズは、市民がPRを理解するだけでなく、そのテクニックを使って、自ら信じるものを効果的に送り出す技術を身につける必要があるという。現代社会では、いかなる情報も効果的にコミュニケーションを取ることが重要だからだ。

実際、彼女も「航空会社は、子どもの乗客に考慮して暴力シーンのある映画は流すべきではない」とする記事を、「ニューヨークタイムズ」の記者に書かせている。その秘訣は、関心を持ちそうな記者をみつけて、頻繁に情報提供を行うことだという。

どんなに素晴らしいことや悲惨なことが起きていても、それが社会に広く伝わらなければ、理解を得られるどころか、その存在すら認められにくいのが現代社会の実状だ。それを考えれば、PRを理解し、そのテクニックを使って、効果的に情報発信する能力を身につけることは、ますます重要になることだけは確かなようだ。

3 市民が作るもうひとつのメディア

メディア・ウォッチドッグが、メディアの報道を批判的に見ていくのに対して、受け手のままに止まらず、送り手として、マスメディアが扱わない視点から積極的に情報発信していくことで、社会の言論バランスを取ろうとする動きも盛んである。

世界初の非営利広告代理店

PR会社が大企業や政府といった大組織をクライアントにビジネスを展開するなか、それとは全く逆の市民の視点から、メディア戦略を駆使して、情報発信するユニークな団体が存在する。

「民主主義はマスメディアと政府にアクセスできる資金を持つ人だけでなく、全ての人が参加できなければならない」。サンフランシスコに拠点を置く「公共メディア・センター」は、自らの理念をこう掲げる。パワフルな企業や団体の主張ばかりがメディアに溢れるなか、資金力や政治力の弱い市民団体が、環境保護、人権、文化の多様性、民主主義などそれぞれの見解を効果的にアピールできるよう積極的に支援するのが使命だ。「メディアでは伝えられない、もうひとつの見方を提示することで、市民が社会問題を考える上で役立つ情報を提供するのが私たちの役割です」と、ハーバート・ガンサー代表は語る。

公共メディア・センターは全米で唯一の非営利の広告代理店で、三〇人のスタッフを抱え、一九九九年には約一七〇のクライアントの仕事を請け負った。メディア戦略全般を扱うが、特に意見広告の制作に力を入れている。一般の代理店のように商品を売り込むのではなく、理念や価値観を「売る」のが特徴だ。クライアントは、全てリベラルな市民団体で、財政基盤の弱い団体のためには無料で働き、大規模団体にはサービスに見合った額を請求して全体のバランスをとる。このセンターの前身が設立されたのは七二年。反ベトナム戦争などを通して市民活動に目覚めた大手広告代理店の経営者ジェリー・マンダーが、自らのキャリアを市民活動に活かす目的で立ち上げた。クライアントの大半は、ワシントンやニューヨークなど東海岸に本部を置くが、サンフランシスコという政治・経済の中心から離れている土地に身を置くことは、オルタナティブな視点を持ち続ける上で格好だという。

意見広告で社会を変える

活動の中心である意見広告の制作では、新聞よりもテレビの方が媒体として効果的にも思えるが、ブランド名だけを覚えてもらえばよい通常のコマーシャルと違って、社会問題はテレビで短時間に説明するのは複雑すぎて難しい。問題に関心を寄せ、賛同し、実際に行動を起こしてくれそうな人に焦点を当ててメッセージを伝えるためには、新聞が最も効果的だという。広告の掲載は、「ニューヨークタイムズ」や「ワシントンポスト」など、政治家や政策関係者など、社会的に影響力を持つ読者が多くを占める有力紙に絞り込む。ガンサーは、「広告を読んだ一〇〇人のうち三人が真剣に受け止めてくれれば大成功」だという。たとえ関心を持つのが数人でも、本当に変化を望む人がいれば、それが連鎖的に広まり、最終的に大きなうねりをつくることができるからだという。

巨大企業を敵にまわすのは楽ではないが、広告をきっかけに社会を変えた例は数多い。熱帯雨林を伐採して牧場を開発し牛肉を調達していた「環境破壊」のハンバーガーチェーンの不買広告では、このチェーンが南米からの牛肉の輸入制限を決めた。マグロ漁獲の際にイルカを網に引っかけて殺してしまう漁法の反対広告では、ツナの缶詰会社が仕入れの方針を変えている。禁煙法案を牽制するタバコ会社に対しては、世論操作のために投入した資金額を市民に明示することで、禁煙運動を盛りあげた。

ガンサーは、企業を叩くつもりは毛頭ないという。「私が企業に望むのは、市民に対する責任を果たしてもらうことです。企業は、広告を使って商品の良い面だけ伝えるため、情報が一方的で偏りがある。我々の任務は、企業が語らない側面を積極的に伝え、市民に選択肢を提示することです」。

中絶支持を訴える団体の意見広告を制作した時には、九万人から合計一〇〇万ドルの寄付金が寄せられた。銃規制、反核、女性の権利拡大など、意見広告を通して、市民団体のメッセージを世に送り出す役割を果たしている。

ある時、日本からマスコミ関係者が訪ねてきたことがあった。壁いっぱいに貼られた広告を見て、「日本じゃこんな刺激が強い広告は絶対に掲載できない、と言われました」と、ガンサーは笑う。それだけに、日本からの広告依頼が舞い込むこともある。九三年には、「不当」な立ち退き要求に抵抗していた京都府ウトロの在日朝鮮・韓国人の依頼を受けて抗議広告を制作し「ニューヨークタイムズ」に掲載した。広告は大きな反響を呼び、五万人の抗議クーポン(後述)が日産に送られ、事実上立ち退きを不可能にしている。神奈川県逗子市の池子の森の保護や、湾岸戦争に抗議する市民団体の広告も手がけている。日本からわざわざ依頼があるのは、アメリカの

これまで手がけてきた意見広告をバックにする公共メディア・センターのハーバート・ガンサー代表.(撮影：ジュディ・リード)

新聞広告料は日本の一〇分の一程度で済むうえに、米国在住の日本人特派員が意見広告を米国での反応を交えて記事にするため、無料で日本の新聞に掲載されるという思わぬメリットがあるからだ。

メディア戦略が成功のカギ

これまでセンターが意見広告を使って社会的な影響力を発揮してきたのは、効果的なメディア戦略のおかげである。ガンサーは、これまでの蓄積から、効果的なメッセージを送るポイントを、「強力で明確な主張をする、何かに賛成するのではなく反対するスタンスをとる、勝者のように振る舞う、仲間ではなく敵をつくり名指しで批判すること」、などとまとめている。「『問題があるから、何かしなければ!』と言っても効果はない。原因を説明し、だれがその責任を負うのかを明確にすることが大切だ」。

たとえば、環境団体グリーンピース用に制作した広告では、「オゾン層を破壊しないようデュポン社に今すぐ訴えよう!」として、オゾン層を破壊するフロンガスについての説明や、オゾン層破壊が我々に何をもたらすかを簡潔にまとめている。レイアウトはシンプルで、わかりやすいが、広告にしては地味な印象がある。ガンサーは「意見広告は、あくまでも情報を与えることで市民を教育し、行動を起こす動機付けをするものだ」と言う。広告の下には、デュポン社の会長、主要株主会社の会長、大統領に対する抗議メッセージが別個に印刷されたクーポンがついている。実際に手紙を書いたり、行動を起こすことは難しくても、読者はそれを切り抜き、住所と名前を書き込んで送るだけで抗議ができる仕掛けだ。意見広告は、事実にもとづき、論点を明確にし、統計などのデータを使って事実をサポートする。広告というよりは、むしろ長めの新聞記事に近い。徹底した「事実中心主義」のおかげで、設立以来、一度たりとも訴訟に持ち込まれたことはないのが自慢だ。

ローカル・ラジオを救う

センターは、言論の自由やメディアのアクセス、バランスのとれた公平な報道に対してはとりわけ敏感で、業務とは別に積極的な行動に出ることもある。アメリカでは「公正原則」によって、放送会社が放送地域内の重要問題を取り上げた場合、反対意見を発表する機会を要求できる条項が一九三四年に制定されている。「原子力は安全で安くて良いもの」と強調し、危険性には全く言及しない地元のラジオ局の原子力報道に対して疑問を持ったガンサーは、訴訟に持ち込み勝訴している。

また、クライアントからの依頼以外にも、自ら重要だと考える問題に対しても積極的な意見表明を行う。二〇〇〇年五月二日付けの「ニューヨークタイムズ」と「ワシントンポスト」に掲載された意見広告では「ローパワー・ラジオ対ハイパワーのロビイスト　ローカル・ラジオを救うアメリカの最後のチャンス　今すぐ行動を」と仕掛けている。争点は、ローカル・コミュニティの声を反映する短波放送を、米放送事業者協会がロビイストを使ってつぶしにかかっているというものだ。ローカル・メディアに多様性がなくなるのは、民主主義の危機である。

広告の下には、クリントン大統領、上院と下院の政策立案者それぞれに向けて三つのクーポンがついている。短波ラジオ連合のマイク・ブレーンズは、「クーポンが届いていると、議員からさっそく連絡が入りました」と、意見広告の威力に驚いたと言った。「それにしても、意見広告という手段があるとは夢にも思っていませんでした。内容は正確だしわかりやすい。関係者が目にすれば、この問題がどれほど大切かわかってもらえるはずです」と満足げだ。

「情報は民主主義の生命線であるにもかかわらず、市民から遠いところで、理由が説明されず、議論もなく、どんどん政策が決定されていく。今の社会では、消費者はもてはやされ市民は敬遠されがちだ」とガンサーは言う。

センターの存在がなければ、決して世間に知られることのなかった社会問題は数多くあったはずだ。そう考えると、市民のための広告代理店が全米でたったひとつ、あるいは世界でも稀であることがむしろ不思議に思えてくる。

パブリック・アクセスで環境告発番組

映像を使った情報発信は、施設や訓練も必要なだけに難しいが、アメリカでは、パブリック・アクセスという市民のためのチャンネルがあり、市民の情報発信をサポートしている。

調査報道に三〇年以上携わってきたカール・グロスマンは、マスメディアが取り上げないニュースを掘り起こすことにかけては自信がある。九二年からは、週一回ケーブルテレビを通じて、環境番組の司会と制作をつとめてきた。アメリカ政府の環境政策や原子力業界を批判したり、原子力を推進する権力に迫る番組を制作、数々の賞に輝いている。グロスマンの番組がきっかけで、主要新聞やネットワークテレビが重い腰を上げて後追いで取り上げたニュースも少なくない。「パブリック・アクセスはマスメディアの独占を回避し、誰もが独自の視点から情報を発信することを可能にしてくれます」とグロスマンは語る。

グロスマンが、思い切った反政府・反企業番組を流すことが可能なのは、誰もが無料で番組を流すことができるパブリック・アクセスを使っているからだ。多チャンネル時代を迎え情報が氾濫しているといわれるが、企業広告を母体としたメディアの構造や、ニュースの主要情報源である政府を批判するのは難しく、市民が知らされていないことは少なくない。その点パブリック・アクセスは、視聴率やスポンサーの意向をうかがう必要がなく、放送内容の検閲も一切禁止されているため、他ではできない発想から番組作りが可能になる。「メディアをコントロールする側の、都合のよい世界観にチャレンジするのが任務」だとグロスマンは言う。

パブリック・アクセスとは、自治体とケーブル会社の契約によって成り立つ市民に開放されたチャンネルだ。ケーブルテレビは、電気会社などと同様に地域独占サービスであり、ケーブルを敷くために公用地を利用するため、自治体はその見返りとしてチャンネルの一部を市民に開放するよう要求できる。アメリカでは六〇年代にケーブルテレビ局が続々と誕生し、それに伴って公共の財産であるケーブルを、誰もが利用できるよう求める動きが強まっていった。七〇年代初頭には、ケーブルへのアクセス権が法的にも認められ、現在、全米に約二〇〇〇のチャンネルがある。アメリカのケーブル普及率は全世帯の七割近くに及ぶが、「電波は公共のもの」との意識も極めて強く、メディアに自分たちの声が反映されていないと感じる市民は少なくない。こうした状況を反映してか、全米のアクセスセンターでは、毎週一〇〇万人以上が二万時間分の番組を制作し、番組数は四大ネットワークと公共放送の合計をはるかに上回るという。

市民のチャンネル

数あるなかでも、ニューヨークのマンハッタン地区にある「マンハッタン・ネイバーフッド・ネットワーク」(MNN)は、七一年にスタートした老舗だ。地域を独占するタイムワーナー社が収益の一部を拠出し、非営利組織のMNNが運営する。全米で最も盛んなパブリック・アクセスとあって、四つのチャンネルは朝七時から翌朝三時まで、一般のニューヨーカーが作った番組で全て埋めつくされる。番組内容は政治・社会問題を扱ったドキュメンタリー、芸術番組、討論番組、趣味の発表など様々だ。大半の番組は素人っぽさが残り、街頭演説的なものも少なくないが、何の資本ももたない市民が、自分の言いたいことを自由に発信できる公共空間が確保されているのは驚異的だ。アクセスセンターには、カメラなどの機材をはじめ、収録用スタジオ、編集室、コントロール・ルームなど一般テレビ局並の施設が揃い、予約さえすればマンハッタンの住民なら誰でも無料で利用できる。機材の貸し出しもあるから、街に飛び出して番組を作ることもできる。番組は制作済みのビデオを持ち込むほか、生放送も可能だ。

大半のパブリック・アクセスは、施設の利用にあたって、機材の使い方や番組制作のトレーニングの受講を義務づけている。MNNの番組制作クラスは、半年待ちの人気だったが、取材と称してクラスに参加させてもらった。私のチームは、スタジオでカメラの使い方を教わったが、参加者の熱意にインストラクターも押され気味であった。参加したのは、自著をプロモーションしたいという小説家の男性、政治討論番組で市の行政にパンチを加えたいという女性、美術番組を作りたいというおしゃれなスーツで決めたマダム三人組、活動を紹介したいという市民団体の男性など、個性あふれるメンバーだ。夕方のセンターは、スタジオで番組を収録する人たち、機材の使い方を教わる人たちなどで賑わっていた。

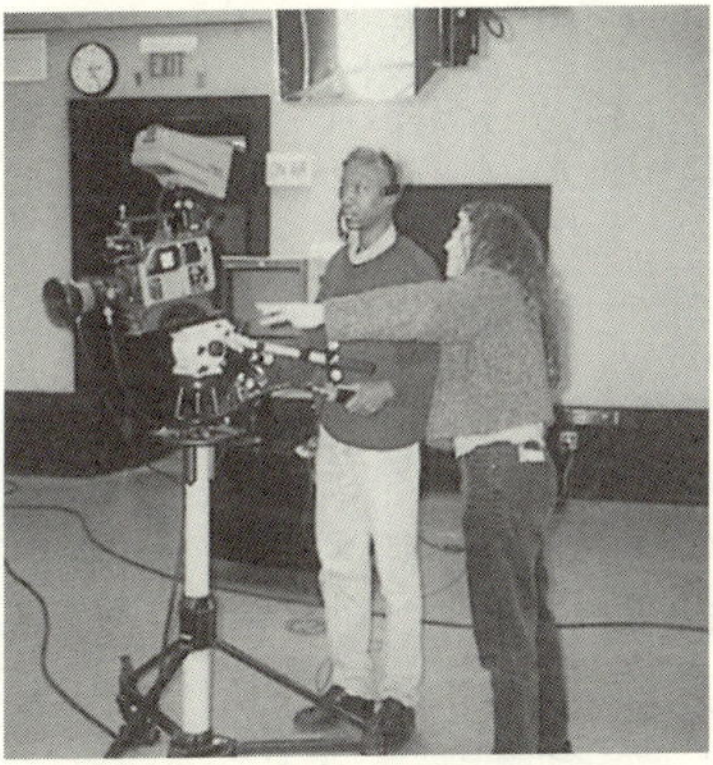

マンハッタンの「マンハッタン・ネイバーフッド・ネットワーク」でカメラの使い方を学ぶ市民.

MNNでは、レギュラーの時間枠を持つことも可能だ。八一年から、メディア批判やメディアが扱わない社会問題をテーマに、毎週三〇分放送の番組で知られるのが、「ペーパータイガー・テレビ」である。「メディアは張り子の虎」というのが、その名の由来だが、モットーは「情報産業の神話をぶちこわそう」だ。創設者のディーディー・ハレックは、「視聴者が批判的でないからマスコミがますます強大になる。テレビは何も特殊なものでなくて、実は誰にでも簡単に作れることを広く知らせたい」と語る。ペーパータイガーは視聴者のメディア批判能力向上のために活動して、二〇年になる。制作メンバーの約二〇人は、アーティスト、大学教授、図書館や美術館の職員などからなるボランティアで、メディア・リテラシーを教える教員もメンバーに名を連ねる。運営の財源は、過去に制作した三〇〇本近いビデオ作品の販売収益と財団からの資金提供による。過密スケジュールをこなし少ない予算をやりくりしながらも、これまで何とか活動を続けてこられたのは、利益を最優先にする通常のテレビ番組とはひと味違ったものを作ろうという、メンバーの意気込みがあるからだ。

テレビは誰でも作れる

代表のハレックは、六〇年代からドキュメンタリーの制作に携わり、カリフォルニア大学で教鞭も執る。彼女がメディアに目覚めるきっかけになったのは、父親の仕事で二年間過ごしたキューバ生活にある。一家の暮らしとは正反対の苛酷な生活を送るキューバ人とのギャップに揺れ動く思春期のハレックを、母親は何とかアメリカの価値観になじませようと、よくハリウッド映画を見せに連れていったが、「映画に出てくるアメリカは明るく輝いているものばかり。たとえ南米が出てきても、その豊かな文化は描かれず偏見に満ち満ちている。それで、商業映画というのは事実とは全然違うものだと気がついた」とハレックは振り返る。

地元ウッドストックのコミュニティ・テレビに出演し，視聴者からの電話を受ける，「ペーパータイガー・テレビ」創設者のディーディー・ハレック(左).

ペーパータイガーの初期の作品には、超ラディカルなメディア学者ハーバート・シラーが「ニューヨークタイムズ」を批判的に読む番組がある。アメリカで最も影響力があるといわれるタイムズの記事を鋭く斬っていく番組に、さすがのニューヨーカーも度肝を抜かれた。また、彼らの作品は、すでに放送されたニュース番組を丹念に検証していく手法が面白い。「ちょっと待って！ なぜ、この問題はこの角度からしか取り上げられていないのだろうか？」などの字幕やコメントが途中で何度も入り、ニュースに関係する政府、企業、スポンサーの利害を順番に「洗い」、関係者の利益に反することは隠され、歪曲されてニュースが作られる過程を示していく。さらに、番組が排除している視点や市民の声も入れ、制作者がもつ偏向も考えさせる仕組みだ。

ペーパータイガー作品には、主流メディアと異なる視点の提供を重視する作品が多く、ニュースで取り上げる殺人事件は黒人関与の割合が極端に多く不公正なイメージを作っていると訴えるもの、悪玉と善玉の単純化した図式のレポートが続いたボスニア報道の弊害を分析したもの、などもある。ユニークな作品の数々は、全米のパブリック・アクセスから注目を集め、放送希望が殺到した。そこで、衛星を使って全米に番組を配信する団体を設立、今では全米約三〇〇のパブリック・アクセスに番組を提供している。

もうひとつの湾岸戦争

彼らの名を一躍世間に知らしめることになったのは、九一年の「湾岸戦争プロジェクト」だ。湾岸戦争は、米政府が報道活動に対して厳しい制約を加えたことでも知られているが、ペーパータイガーは、戦争肯定トーンが強い一般のテレビ局の報道に対して、メディアが取り上げない全国の反戦の動きを伝えることを試みた。戦争に対する市民の生の声などを全米から募り、戦争突入の九日前に全米の公共放送（PBS）と三〇〇のケーブルテレビに向けて放送した。戦争中は、大手テレビ局が戦況報道に力を入れるなか、全米各地の反戦運動、米軍需産業と防衛政策をめぐる政治・経済の駆け引き、中東の歴史といったテーマで番組を流した。PBSで放送されたペーパータイガーの番組は高視聴率を獲得、イギリス、オーストラリア、ヨーロッパ各国などの海外でも高く評価され、湾岸戦争報道にもうひとつの見方が存在することを世界に提示した。

ところが、こうした「成功」を収めても、メンバーには全く気負いはみられない。メンバーに加わって一〇年になるというラトガーズ大学で美術を教えるマイケル・アイゼンメンガーは、「私たちはジャーナリストなどとはさらさら思っていない。単に世の中で伝えられていないことを、広く知ってもらいたいと思っているだけ」だと語り、多様な見方を世の中に送り込むことにこだわっている。こうした姿勢を反映してか、市民に対してオープンで、毎週行われている企画会議には誰もが自由に参加することができる。また、メンバーの大半は、最初はビデオカメラの使い方も知らなかった人ばかりだというが、「伝えたいメッセージがあることがまず大切。それがあれば、あとはどうにでもなる」と、アイゼンメンガーは、メディアをあくまでも手段であると位置づけている。

ペーパータイガー番組の人気の秘密は、奇抜なアイディアで、批判番組もユーモアたっぷりに仕上げるセンスの良さにある。スタジオのセットは、大きな白布にニューヨークの街並みを漫画風にペンキで塗っただけだったり、メンバーの自宅リビングルームで収録することもある。円グラフの代わりに風船を膨らませる思いつきは笑わせるし、番組の一番最後に、制作者の名前に続いて経費の明細が出てくるのも面白い。

湾岸戦争の検証番組では、フィルム、文房具、地下鉄代と人件費ゼロで、締めてたったの五〇ドル。どんなに手のこんだ番組でも二〇〇ドルを越えることはまずないという。「番組作りが大がかりになって、莫大な経費をかけることは、実は表現の自由という一番肝心なものを犠牲にする」とハレックはいう。

「ローテク・ローコスト」を目指すペーパータイガーの制作手法は、メディアの商業化が加速するなか、世界中の草の根団体から熱い視線を浴びている。

パブリック・アクセスは、市民がテレビ制作を通して、情報発信するための施設や訓練などを提供してくれる貴重なインフラだが、ミネソタ州のパブリック・アクセスから飛び出した番組が、全国ヒットとなって話題を呼んでいる。

人気呼ぶCM分析番組

ジョン・フォーディーは、パブリック・アクセスに通うまでは、テレビには全く無縁の人間だった。それが誰もが無料で自由に発信できるインフラという強い味方を得て、全く新しいジャンルの番組を開拓することに成功した。「毎日平均三時間、七五年間テレビを見れば、生涯約二〇〇〇万本ものコマーシャルを目にすることになる。それなのに、コマーシャルを真正面から批判的に取り上げる番組はきわめて少ない。民間放送局はコマーシャルを経済基盤にしているため、それを批判的に見ることはスポンサーの反発を買い局の利益に反するからなのだろうか……」。フォーディーはこんなタブーに挑戦した。テレビコマーシャルを分析するという前代未聞のトーク番組をたったひとりで始めたのだ。

番組名は、ずばり「メンタル・エンジニアリング」。コマーシャルが我々のメンタル（精神）をエンジニアリング（巧みに作り上げていく）していることに由来する。番組のきっかけは、一九九七年、フォーディーが地元ミネソタ州のパブリック・アクセスで無料講習会を受講したことにある。コースが終わったところで、長年温めてきたアイディアを下敷きに番組を制作、パブリック・アクセスで放送したところ、これが受けに受けた。その後はトントン拍子にことが進み、番組は全米五〇以上のPBSで放送されるまでになり、九九年には栄えあるピーボディ賞にもノミネートされ、本人も「腰を抜かすほど驚いた」と言う。おかげで、関心を示す局が殺到し、二〇〇〇年秋までには全米の一〇〇局以上で放送される見込みだ。

コマーシャルの分析で盛りあがる「メンタル・エンジニアリング」の出演者．中央が司会で番組を始めたジョン・フォーディー．（写真提供：メンタル・エンジニアリング）

番組は三〇分で、四つのコマーシャルを、心理学者、ジャーナリスト、メディア学者、広告関係者など四人の週替わりのゲストがあらゆる角度から鋭く斬りこんでいく。

フォーディーは、ゲストに次々と質問のシャワーを浴びせる。

「このコマーシャルは、売り上げを伸ばすため、それとも企業イメージを強化するため？」

「このコマーシャルは、なぜ製品のことについて全く触れないの？」

「ソフトウェアを売るためには、どんな歴史上の人物がふさわしいと思う？」

普段何気なく見ているコマーシャルにいかなるメッセージが隠されているのかを、性の役割、家族のあり方、価値観、ライフスタイルをはじめ、心理学的にみて、コマーシャルは誰に向けられたもので、どんな戦略をとっているのか、どんな感情が示されているか、効果を上げるためにどんな工夫がされているかなど、フォーディーの辛辣かつユーモラスな舵取りで議論が進んでいく。過激な発言もあるが理路整然とした鋭い指摘は、大人版メディア・リテラシーの授業の実況中継という雰囲気がある。

それにしても、なぜコマーシャルなのだろうか？

「広告という社会で最もパワフルなアートを素材に、消費者としてではなく市民として、私たちに向けられたメディアのメッセージの意味を考えるためにコマーシャルは格好の素材だ。コマーシャルは、それに値するほどの、社会的影響力と芸術性の高さがある」とフォーディーは言う。番組のねらいはコマーシャルの分析を越えて、社会について真剣に考えるきっかけをつくることだという。

フォーディーがコマーシャルのパワーに目覚めたのは四歳の時。テレビでは空をすいすい飛んでいた飛行機のおもちゃが、実際には飛ばないことを知ってがっかりした。「コマーシャルはウソをついている！」と言っても、大人は取り合ってくれない。ウソはいけないのに、なぜコマーシャルに対しては誰も怒らないのか？　ここから全てが始まった。「視聴者は、コマーシャルに対して諦めているところがある」とフォーディーは言う。「我々の使命は物事に対して疑問を持ち、それを考えてみるという美学と習慣を付けるための支援をすること。テレビに対して諦めたり背を向けるのではなく、視聴者を教育することが大事だと思う」。

資金難を乗り越えて

番組制作の一回にかかるコストは、制作会社に支払う約四〇〇〇ドルと、番組を衛星経由でPBSに送るための回線使用料が一二〇ドル。超低予算で制作されているのだ。分析に使うコマーシャルは、フォーディー自らが自宅でビデオ録画し、パネリストにはボランティアで登場してもらっている。最大の問題は、番組の人気が高まっているにもかかわらず、コマーシャルを批判的に見るためか、なかなかスポンサーがつかず資金難に陥っていることだ。アメリカの公共放送は、NHKのような番組制作の予算を持たない場合がほとんどで、制作側それぞれが各自資金を調達しなければならない。

番組スタート以来、収入はゼロどころかマイナス成長で、フォーディーの貯金は底をついた。それでも、予想外の賞のノミネートや、全国から放送リクエストが増えていることに手応えを感じている。PBSの視聴者の中心は高学歴高収入の層だが、平均年齢が五〇代と高齢者に偏り、それがネックになっている。その点、この番組は二〇代・三〇代の視聴者が多く、新しい層を呼び込むと期待されているという。番組の人気の秘密は「脳を刺激するものだから。ふつう人間は対話しながらものを考えるけど、テレビは一方的なものが多い。この番組は対話どころか、いろいろな角度から様々な意見が出てくるのでそれが刺激的なのでは」とフォーディーは分析する。

最近は、資金集めに力を入れたおかげで、番組に共感する個人や財団からの寄付金も集まりはじめている。全国に散らばるファンからの電子メールにも勇気づけられる。資金調達に目途がつけば、業界のタブーに挑戦し続けることができる。PBSで人気を博し、その後民放にデビューする番組もあるが、この番組はいくら人気が出たところで、公共放送だからこそ放送できる内容であるため、PBSから離れることはないだろう、とフォーディーは見る。

テレビではあらゆるタイプの番組が多様な視点から語られているようにみえるが、誰もが日常的に親しんでいるコマーシャルを批判的に見て行くことすら難しいということは、裏を返せば、テレビ局の利害に関わることがいかに我々に伝えられないかを物語っているようにも思える。それだけに、こうした制約を乗り越えて、市民が全く新しい発想からメディア制作に参加できる回路としてのパブリック・アクセスは、テレビというメディアの新しい可能性を実験するための孵卵器であることも物語っている。

多様性で活力

フォーディーを始め、ここに登場したメディア活動家に共通するのは、メディアと積極的に付き合おうとする前向きな姿勢と、抜群のアイディアである。こうした活動を支える社会的背景や、情報発信基地となっているパブリック・アクセスなどのインフラの存在も見逃せない。もちろん、こうした活動が万能なわけではない。市民の視点と言っても結局は、それぞれの個人や団体の関心事を取り上げているだけだし、メディア批判と言っても果たして何を基準に情報の是非を判断するかは難しい。大切なことは、情報が一方向に集中せず、多様な言論が確保されることだろう。そして、これこそが、冒頭に紹介した、メディア・リテラシーの権威マスターマンが理想とする、メディアによる民主主義の強化のように思えるのだ。

第4章

デジタル時代の「マルチ」メディア・リテラシー

コンピュータ・ゲームでマルチメディアを学ぶ.

1　デジタル教材がメディア・リテラシーを強化

ニュースの編集も自由自在

文字・画像・音声などをコンピュータ上で自由自在に編集できるマルチメディア時代の到来で、デジタル・テクノロジーを従来のメディア・リテラシーの理解を促進するための手段として活用する例も出てきており、それに伴って画期的な教材も表れている。

英国公共放送(BBC)のポール・ロビンソン副部長が第一章で指摘したように、映像を理解するカギは制作プロセスにおいてどのような選択がなされていくかを知ることであり、出来上がった作品を一方的に批判するだけでは真に映像を理解することにはならないと、メディア・リテラシーの学習方法に疑問を持っていることを紹介した。しかし、マルチメディア時代の到来によって、ロビンソンが指摘するような編集プロセスを簡単に体験することが可能になった。「イングリッシュ&メディアセンター」が制作した自信作「ピクチャー・パワー」は、スクリーン上で映像編集が簡単にできる点が画期的なCD-ROMで、映像を選択し、並び替え、効果音やナレーション、スーパーを組み合わせて生徒自身の手で物語を構成することが容易にでき

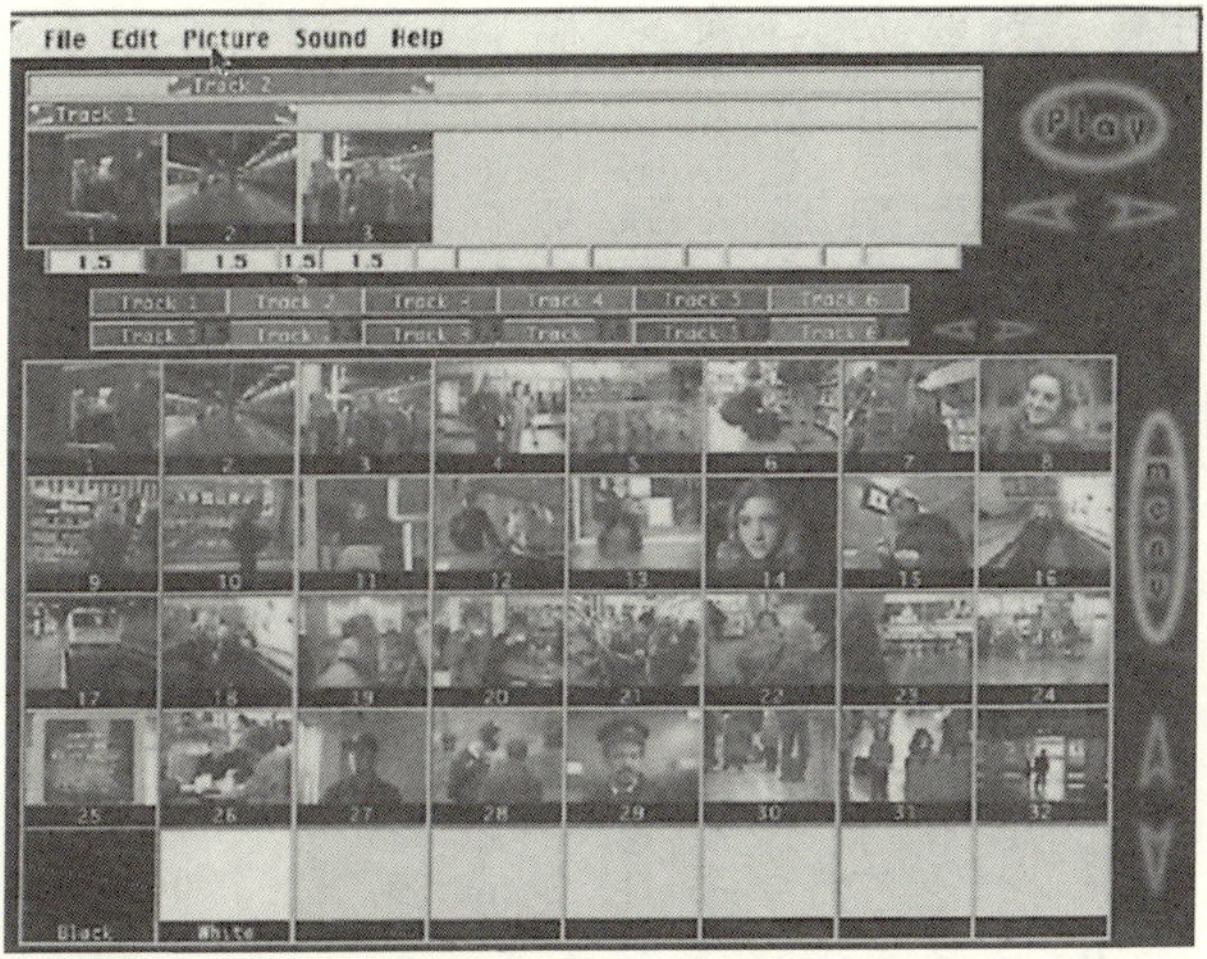

CD-ROM 教材「ピクチャー・パワー」．映像の編集が簡単にでき，効果音もつけることができる．（「イングリッシュ＆メディアセンター」のパンフレットより）

るようになったのである。

コンピュータにCD-ROMを差し込んで、さっそくスタートしてみよう。

表紙ページには、五つのストーリーのメニューが並ぶ。その中から、「抗議デモ」のエピソードを選んでみた。そうすると、画面に三二コマのデモの画像が現れる。ひと口にデモと言っても、それをどう解釈するのかを考えるのは難しい。威嚇的な警察や攻撃的なデモ隊がいるかと思えば、アニメキャラクターのお面をつけて楽しげに参加している人もいるし、緊迫感ただよう警官の写真があるかと思えば、リラックスした様子の警官もいる。カメラアングルも、迫力たっぷりの顔のアップもあれば、遠くから撮影したものまで様々だ。同じデモの模様を撮影したものとは言え、多様な表情から成るショットがあり、その全貌を語るのは難しい。生徒たちは、こうした混沌としたデモの様子から、自分なりのストーリーを作っていく。素材は、実際にデモが行われた日に、プロのドキュメンタリー作家に依頼して、あらゆるタイプのショットを撮影させたものだという。

三二のイメージから使うものを決めたら、それをマウスでつまんでトラックと呼ばれる細長いスペースにはめ込んでいけばよい。順番を変えたり、イメージが映し出される秒数もそれぞれ自在に変えられる。効果音のメニューも、レゲエ、ジャズ、ロックなど様々。自分のナレーションも録音できるし、文字スーパーを作って挿入することもできる。こうしたプロセスを経験することで、ニュースは混沌とした現実を、ある視点から立体的に構成されるものだということが実感としてよくわかる。出来上がったところで、プレイをクリックしてみると、指定した通りの順番と長さでイメージが一枚ずつ画面いっぱいに映し出され、音も流れてくる。映像の順番や素材を変えれば、同じデモでも多様な解釈でストーリーが出来上がる。映像をそのままにして、音を陽気なレゲエや悲しげなジャズに合わせてみれば、効果音の威力も理解できる。

CD-ROMの開発に当たったグラハムは、BBCのロビンソン同様に、メディア教育が分析中心になっていることに限界を感じてきたという。そのため、ビデオ制作や編集作業を授業に取り入れるよう教師たちに奨励してきたが、制作には時間がかかるために、難しい現実があった。それを、マルチメディアで解決したのが、まさにこの教材というわけだ。「バラエティに富んだ視点からできているので、色々なストーリーができるはず。デモは、テレビニュースでも放送されましたが、それと比べてみるのも面白いと思います」と、グラハムは言う。

しかし、教材には限界もある。素材そのものがあらかじめ選択されており、また、単に組み合わせ方をたどっても、映像そのものの本質を理解することが難しい面もあるからだ。それでも、ピクチャー・パワーが優れているのは、授業という制約が多いなかで、生徒が主体となって手軽に編集作業ができる点にあり、関係者の間でも高く評価されている。

動画理解はコンピュータで

コンピュータは、画像の編集作業を可能にし、それが映像を理解する上で大いに役立つとの見方は、イギリスのメディア教育をリードする英国映画協会（BFI）が、二〇〇〇年初頭にまとめた報告書「エディット＝プレイ（編集＝再生）」にも表れている。BFIは、デジタル時代を迎え、映画、テレビ、インターネット、ビデオなど、メディア別の垣根をなくし、広く映像に関する教育を展開していくために、これまで使ってきた「映画」にかわって「Moving Image（動画）」という言葉を積極的に使っている。

現代の子どもは、活字のみならず、ビジュアル文化の中で育っているが、リテラシーは自然に身に付くものではなく学習が必要であり、子ども達は学校で言葉を学ぶように、動画という

「言語」を学習する必要がある、というのが報告書のメッセージだ。文字の読み書きを学習する際に、単語を覚え、文章にし、それをパラグラフへと発展させるように、動画でも物語が語られるためには様々なカットがあり、それが組み合わされてシーンへと発展していく。編集が動画の意味を作る上で大きな役割を果たしていることを理解するために、デジタル機器を用いれば、これまでには考えられなかったほどの手軽さで、文字を書くように動画についても学習できると報告書は説明する。つまり、動画の理解は文字の理解に比べて著しく遅れているために、今後は積極的に動画リテラシーを導入すべきであり、動画をいったん習得すれば、映画、テレビ、マルチメディア、CD-ROM、インターネット、コンピュータゲームなどにも応用できるというのだ。

この報告書の目的は、ソフトウェアを用いて動画を使った物語を作ることは、動画の理解をどう深めていくのかを分析した上で、メディア関連のカリキュラムに編集や制作を取り入れる重要性を訴えることにある。

BFIは、マルチメディアを使った学習を、現状の「国語」や「メディア研究」といった科目の枠内で行うよう働きかけるほか、現在カリキュラムの改訂が進んでいるなか、一六歳の国語の「読解」のセクションに動画教育を明記するよう関係者に呼びかけている。それが実現し、デジタル・テクノロジーを活用できるようになれば、リテラシーの学習を補助し強化する上で格好のツールになる。ＢＦＩは、コンピュータの操作法などを学習するテクノロジー教育でも、ソフトウェアを使って動画に対する理解を深めてもらうことで、技術一辺倒の発想から、メディア文化や表現の手段についても幅広く学べるよう、ソフトウェアを取り入れた新たな学習方法を提案している。「次世代の市民にとって、動画文化はリテラシーの中でも重要な位置を占めるようになる……」と報告書はまとめているが、ＢＦＩは今後もメディア教育の充実のために積極的な活動に出る構えだ。こうした動きが実現すれば、学校教育におけるリテラシーの学習はますますマルチメディアを使った方法が普及していくだろう。

デジタル・テクノロジーの登場は、メディア・リテラシーを学習する上で、既存の枠組みに加えて、時代に対応した新しいリテラシーの獲得をせまるとともに、メディアの学習を補助し強化する格好のツールとして大きな可能性を秘めている。

2　デジタルメディアのためのリテラシー

変化するメディア環境

デジタル・テクノロジーの利用で、従来のメディア・リテラシーに対する理解を深める学習が可能になっているが、その一方で、新しいメディア状況に対応するために、メディア・リテラシーの対象も広がってきている。

九〇年代半ば以降、爆発的に広まったインターネットは、職場・家庭・教育現場に急速に浸透し、私たちの仕事、学び、遊び、買物から、人との出会いや政治参加・社会参加などにいたるまで、コミュニケーションの手段を徐々に変えつつある。地球上に張り巡らされたネットワークは、場所や空間といったものを軽々と飛び越えて、ユーザーが世界中の情報にアクセスしたり、双方向でのコミュニケーションを取ったりすることを可能にした。既存のマスメディアのフィルターを通らずに、個人・団体が自由に情報発信するようになり、メディアの送り手と受け手という伝統的な構図にも変化の兆しが見えている。総じて言えば、文字、音声、画像、映像がデジタル化されて融合したマルチメディアが、ネットワークを通して地球上をひっきりなしに行き交う時代となったのである。

インターネット先進国のアメリカでは、学生が趣味で始めたホームページの検索サイト「ヤフー」のような企業が、インターネット上に散らばるホームページを、カテゴリー別に分類・整理してナビゲートする全く新しいタイプの「メディア」として成功を収めている。創業者のジェリー・ヤンは、ワシントンDCでの全米記者クラブ主催の昼食会で「テクノロジー企業からメディア企業へと変革したのが成功の秘訣だったと思います」と語ったが、インターネット上では情報をコーディネートして、インデックス化することだけでも「メディア」として成り立つほど莫大な情報の量が存在するのだ。ヤフーは現在、世界的にビジネスを展開しているが、月間利用者数は世界中で延べ一億五六〇〇万人、二〇〇〇年の第2四半期だけでも、約二億七〇〇〇万ドルを稼ぎ出した。

また、接続サービス最大手アメリカ・オンライン（AOL）を見てみると、アメリカを中心に世界中で二二〇〇万人の会員を抱える。さらに、ピューリサーチ・センターは、二〇〇〇年六月に発表した報告書で、アメリカ人のニュースを得る方法が、テレビからインターネットに徐々にシフトしていると指摘している。今やプライムタイム（一九—二三時）にAOL経由でインターネットにアクセスするアメリカ人は、ニュース専門局CNNにチャンネルを合わせる人の数を凌いでいる。二〇〇〇年一月には、インターネット時代を象徴するように、AOLは次世代放送を睨んでメディア複合企業のタイムワーナー社を買収すると発表した。放送と通信の融合が進むと言われるなかで、二〇〇〇年七月からは、双方向テレビの実験放送をスタートさせる。

一方、こうしたメディア環境をとりまく変化に対応するかのように、子ども達もサイバースペースで学び、遊び、情報を交換し合い、ネットワークを利用したコミュニケーションを楽しむようになっている。九九年、メディアと子どもをテーマとした調査で知られる、カイザー家族財団が二歳から一八歳の子どもを対象に行った調査によれば、学校以外でコンピュータを使う時間は、一日二一分でそのうち八分はインターネットに使われている。同年、AOLとローパー社が九歳から一七歳のアメリカの子ども五〇〇人を対象に行った調査結果では、六三％の子どもがテレビよりもインターネットを好み、五五％が電話で話すよりもオンラインを通してコミュニケーションを取るという。インターネットにアクセスする回数は、九歳から一一歳の子どもで一週間に三回、一五歳から一七歳では五回に増える。

アメリカでは、市内回線接続料が定額であるため、インターネットが気軽に使える土壌もあるが、先進国では程度の差こそあれ、こうしたメディア環境は変わらない。子ども達を取り巻くメディアのタイプも多様化し、情報量も飛躍的に増加しているなかで、デジタル時代に対応したリテラシーの育成が必要になっているのだ。

デジタル時代のリテラシー

「こんなことを人前で言うのは初めてですが、メディア・リテラシーというのははっきり言ってもう古いと思うんです。これから必要なのは、マルチメディア・リテラシーだと思います」。ロンドン大学のガンサー・クレス教授はこう言い切る。「マスメディアと受け手の関係ひとつとってみても、伝統メディアと双方向的なインターネットとでは、その情報の流れが決定的に違っています」。教授は情報テクノロジー（IT）が経済や社会を大きく変えているにもかかわらず、教育現場はその変化に対応していないと言う。

それに対して、「インターネット時代でも、誰が、何を目的に情報を送りだしているかなど、従来からある分析の枠組みを使って考えていけば十分に対応できる」と語るのは、メディア・

リテラシーの世界的権威レン・マスターマンだ。

二人の学者の対照的な見解を紹介したが、こうした言葉もマルチメディアを深く研究してきた末に出てきたものではない。残念ながら、デジタル時代に対応したメディア・リテラシーの研究や実践は、まだまだスタートラインに立ったばかりで、本格的な議論の土壌も未だ出来上がっていない。それに加えて、新しいメディアの登場に対しては、歴史的に見ても必ず反発する動きが出てくる。インターネットには「くずの情報」だらけで研究の価値もない、と片付ける見方もあるし、テクノロジー恐怖症の研究者にとっては、デジタルは研究対象としてあまりにも遠い存在だ。デジタルメディアがいまだ発展途上にあることを考えれば、こうした事情も理解できるが、こうした状況とは別に、まだまだ少数ではあるものの、子ども達が新しいメディアと主体的に付き合えるよう支援する、先進的な試みも始まっている。

国語の時間にウェブを読み書き

カナダ・トロント郊外にあるユニオンビル高校のコンピュータルーム。二三人の生徒たちが、マウスをクリックさせる音がカチカチと響く。生徒たちが受けているのは、インターネットのウェブページを「読み書き」する「ウェブ・リテラシー」。授業では、ホームページの情報やデザインの構造などを様々な観点から分析したり、インターネットが社会にどのように影響しているのかを話し合う。授業の最終目標は、生徒それぞれが文字や画像を駆使してホームページを制作し、自分の考えを発信することだ。

面白いのは、この授業の目的がコンピュータ操作の習得ではなく、「国語」(英語)の選択授業として位置づけられている点だ。この授業が、現在各国で盛んに行われている、コンピュータを技術的に使いこなす能力を育成する「コンピュータ・リテラシー」あるいは「情報リテラシー」と大きく異なるのは、あくまでもメディア・リテラシーの考え方をインターネットに応用し、技術的なことよりもむしろ情報について批判的に吟味していく点にある。コンピュータを操作することよりも、コンピュータを通して得られる情報の特性や、インターネットの経済構造と内容の関係などについて見ていくことがテーマになる。

その日、授業の前半では、生徒たちは効果的にメッセージを伝えるホームページの特徴を話しあった。「本とちがって、せいぜい斜め読みされる程度だから、文字量が多いとかえって逆効果」「色を使いすぎると、かえって目立たないのでシンプルにした方が良い」などと、様々な意見が出された。色やデザインを見ていくのは、文章でいう「形容詞」を吟味する作業に似ているらしい。担当のキャロル・アーカス先生は、授業は「読み書き」(リテラシー)の範囲をインターネットに拡大したに過ぎないという。「国語の時間でウェブについて教えるのは、当然だと思います。最近の子ども達は多くの情報をインターネット上から得ています。本をどう読めばよいかを教えるように、ウェブについても教える必要があります」。

ウェブ・リテラシーをウェブで養成

同じカナダの「メディア・アウエアネス・ネットワーク」（Mネット）は、インターネットに対するメディア・リテラシーの向上のための教材作りや情報提供に、早くから取り組んできた団体として知られる。メディア・リテラシーの学習教材やメディア関連のニュース、通信政策、統計などの幅広い情報を、ホームページを通して提供するNPOだ。首都オタワから車で二〇分の郊外ネピアン。地元テレビ局が好意で無料提供してくれるスペースが活動の拠点だ。「インターネットなら、忙しい教師も好きな時に必要な分だけ最新情報が取り出せるので、効果的だと思いました」と創設者のアン・テイラーはインターネットを活動のポイントとする狙いを説明する。九人のスタッフは教員やメディア出身者が多く、ホームページは質の高さと豊富な情報量でカナダ国内はもとより、各国の関係者から高く評価され、数々の賞にも輝いている。

メディア・アウエアネス・ネットワークの創設者アン・テイラー

カナダは、北欧諸国などと並んで、世界で最もインターネットが普及している国のひとつである。二〇〇〇年、エンバイロニクス・リサーチグループが約一〇〇〇人のカナダ人の親を対象に行った調査によれば、七三％の家庭でインターネットが接続可能で、そのうちの八六％の家庭では子どもも利用している。六五％が宿題のためにインターネットを使い、三一％が情報を探すため、二九％がゲーム、二八％がチャットルーム（電子会議室でのおしゃべり）、一八％が電子メールを利用、一五％がインターネットで新しい友達を作ったことがあるという。六六％の親は、インターネットは教育に役に立つと考える一方で、五五％は不適切なコンテンツ（情報の内容）が気がかりであるという。

Mネットが、設立翌年の九六年という比較的早い時期から、インターネットをメディア・リテラシーに取り入れることを考えるようになったのは、スタッフ全員が連日インターネットを活用して仕事を進めて行く過程で、メディアとしての重要性に気が付いたことが大きかったからだという。九九年には、カナダ各地でインターネットをテーマにワークショップを行ったが、それが大反響を呼んだ。「大半の教師は、インターネットにもメディア・リテラシーが必要だとは考えていなかったようですが、私たちのプレゼンテーションを通して、その重要性を理解してくれたようです」とテイラーは語る。各地からワークショップの依頼が殺到し、手応えを感じたスタッフは、九九年一〇月、教師、親、図書館関係者に向けて、インターネットのメディア・リテラシーに特化したホームページ「ウェブ・アウエアネス」を立ち上げた。サイトでは、プレゼンテーションの資料もそのまま公開されている他、授業に活用できる教材をはじめ、生徒に配布するプリント、関連記事などが充実している。

オンライン情報の評価法

「ウェブ・アウエアネス」の教材は極めて実践的で、大人にも参考になる点が多い。インターネットでは誰もが気軽に情報発信ができ、少数派から多数派意見、素人からその道の権威まで、あらゆるタイプの情報を同じ土俵で手軽に調べることができるメリットがあるのはもちろんだが、それだけに情報の判断基準が難しい。また、なかには第三者による情報の事実確認などのチェックがされていないものも多い。本などの伝統的な情報源を使う際には、子ども達は教師や図書館司書からアドバイスを受けることができたが、コンピュータで調べ物をする時には、ひとりで作業を進めることが多くなる。こうした新しい環境では、情報と主体的につきあっていくために、子ども達自らが情報源を確認し、情報の妥当性を考えるなど、情報を批判的に評価する力がより強く求められている。

教材では、インターネット上で見つけた「ホロコースト否定論」をもとに歴史のレポートを書いた一四歳のザック少年の実例をあげて、インターネットを使ったリサーチで気を付けるべき点を解説している。ザックがこの論考をそのまま信じたのは、ホロコーストについての知識が乏しく、著者はアメリカの有名大学の教授という権威ある立場であったため、情報を全く疑わなかったからだという。子どもはインターネット上にあるものは全て本当だと信じやすく、それが大学教授のような人物であればなおさらだが、いかなる情報も様々な側面から吟味してみることの重要性を示し、ザックが調査の時にどうすればよかったのか、チェックポイントをあげて具体的に示している。

○ホームページの目的を理解する

必ずしも全てのサイトが明確な目的を持つわけではないが、発信者は情報提供で何が得られるのか、なぜ、サイトを立ち上げたのか考える。製品やサービスを売るのか、情報提供をするのか、プロパガンダか、娯楽なのか、などを考える。

○著者の信頼性について調べる

ザックは、著者が大学教授であることから情報を無条件に信用しているが、ホームページにある大学での肩書きは、論文とは直接関わりのないエンジニアリングが専門であり、それが意味するところを考える。また、検索エンジンを使って著者の情報を調べてみると、ホロコースト否定論者や、人種差別者などによるサイトの常連として登場していることがわかる。さらに、著書について調べると、ユダヤ人排斥などに関する本を書いていることも明らかになる。もしもザックが、多様な情報源を使って調べていれば、著者の思考を相対化して見ることができたはずだ、と指摘している。

○URLから情報タイプを確認する

ホームページのURLから、その情報はどの組織のどんなグループに属しているのかチェックすることができる。情報がどこに属しているかがわかれば、情報のタイプを予測してみることができる。

○多様な情報源を当たる

インターネットからだけではなく、情報源のバランスを保つことが大切だが、ザックの学校は第二次世界大戦中にヨーロッパに住んでいたユダヤ人女性とのインタビューを準備し、生の情報に当たる機会を設けることにした。

こうした具体例は、教師が授業に取り入れる際にすぐに役立ちそうだ。

テレビCMとネット広告の違い

一方、Mネットの教材は、学習目的だけでなく、子どもが遊びで使っているゲームなどについても視野に入れている点がユニークだ。子どもの文化を否定するのではなく、子どもがインターネット文化の仕組みを幅広く理解するための手助けをし、主体的に楽しむことができるようにデザインされている。こうした実践的な教材は、教師や親が、子どもがインターネットでどんな遊びをしているのかを把握し、アドバイスするのにも役に立つ。

マーケティングとプライバシーを扱ったセクションでは、インターネットのホームページはゲームや音楽のダウンロードなど無料でサービスを提供するかわりに、利用に際して個人情報を提供させる場合が多いことを解説。子ども向けのサイトは、広告、エンターテインメント、情報が微妙にブレンドされ、製品を試したり、人気キャラクターと遊んだり、塗り絵、パズルなどが楽しめる一方で、個人情報は第三者に売られたり、子どもの嗜好の詳細を把握するためのマーケティング戦略に活用されていることを説明している。

また、インターネット広告がテレビ・コマーシャルと大きく異なるのは、インタラクティブ性を利用して、アンケートなどで子供の好みを把握したり、それをもとに新たな商品開発やターゲットを絞った効率的なマーケティング戦略を行っていることだ。子どもは将来の消費を担うと考えて、ブランド忠誠心は若いうちから育てるという戦略が一般的なため、ビジネスの世界ではマーケティングの重要ターゲットと認識されている。それだけに、子ども達がなぜ無料でサービスが提供されているのかを知らなければ、サービスを利用する子ども達がマーケット戦略に取り込まれて、「自分たちが売られている」とは気がつきにくく、自分たちがインターネット文化でどう位置付けられているのかがわかりにくいとして、インターネットの経済構造を理解させることの重要性を説いている。

個人情報の保護の意識を高めるために、各ホームページの利用者保護のポリシーを読んで、最もプライバシー保護の意識が高いサイトを選ばせる教材もある。また、商業サイトが接続の際に利用者のコンピュータに自動的に送り込んで、ユーザーがサイトに訪問した履歴を後日再訪した際にサーバーが認識できるようにする「クッキー」というデータ・ファイルについても説明している。インターネットでは気が付かない間に、個人情報が把握されていることについて触れ、クッキーを拒否する設定方法をまとめた記事も掲載している。

さらにインターネット上では、本姓を明かさず匿名でのコミュニケーションが可能なことから、無責任に個人を中傷誹謗する人が出てきたり、詐欺などの犯罪の温床になりやすい土壌がある。そこで、教材では、チャット・ルームでのコミュニケーションの仕方や、不法・不適切な情報の対処法にも注意を促し、子ども自身がオンライン上で身を守りながらも、積極的にコミュニケーションをはかるためのヒントを提示している。また、「インターネット上で知り合った人と会うときは親に同行してもらう」、ポルノや卑猥画像が問題になっているが、「知らない人からの添付メールは自分で開かない」、「セキュリティの面から、パスワードは他人にわかりにくいものにする」、「親の許可なしにオンライン上で買い物をしない」、などのルールを紹介するほか、著作権の問題などについても触れている。

ウェブの現実構成

「ウェブ・アウエアネス」が、インターネットの基本事項を身につけ、オンライン・マーケティングや不適切な情報に対処する能力の育成を目標にしていたのに対して、第二章にも登場したトロントのメディア教師アンダーセンは、高校のメディア・リテラシーの授業を通して、インターネット上にある多様な情報を積極的に読み解き、ホームページが映し出す「リアリティ」について生徒たちとともに考えてきた。アンダーセンによれば、ホームページの情報を見ていく際にも、テレビ番組を分析するのと同じように、誰が、何を目的に、どんな視点から情報発信しているのかなど、基本的な枠組みをそのまま使うことができるという。

また、授業の題材を選ぶ際には、生徒が最も慣れ親しんでいるものにすることがポイントだという。そこで、アンダーセンが考えたのは、都市の観光案内を扱っているホームページだ。「自分の街について見てみるのが一番です。どんな情報が載っていて、どんな情報が載っていないのか生徒がすぐにわかりますから」とアンダーセンは言う。

観光サイトのチェックポイントの一部は、こんなふうだ。

○観光客やビジネスをひきつけるために、その街はどのように描かれているか

○あなたが知っているトロントと比べて、ホームページからはどんな情報が消され、何が修飾され、何が作られているか

○犯罪はどの都会でも問題になっているが、観光客は犯罪について知らされているか

生徒は、三つの都市のホームページを訪れ、それぞれを比較し、違いをチェックした上で、どの都市のサイトが最も良く描かれているのかランク付けする。

「自分の街のことなら、危ない地区やスラム化した場所などがよくわかる。そうした目でホームページを見れば、観光ガイドには当然ながら、きらびやかで表面的な街の情報しか出てこないことがよくわかる」とアンダーセンは言う。実際、私もニューヨークやシカゴの観光ホー

ムページをのぞいてみたが、犯罪に関する情報は載っていなかった。生徒たちは、ホームページを構成する要素をひとつひとつほぐして見ていくことで、観光ガイドには観光の邪魔になる「陰の部分」は載せておらず、目的に沿うものだけが集められて構成されていることや、ホームページも他のメディアと同様に、目的に応じて取捨選択されたものであることを理解していく。

また、アンダーセンは、ホームページは誰もが発信できるために、情報が一方的な視点から出されているものが多いことを指摘。そのため、既存のメディア以上に批判的な視点が必要だとして、観光用のホームページ以外にも、様々なタイプのものをチェックし、インターネットの情報がどのように構成されているのかを考えさせている。

いくつか例を紹介しておこう。

○テレビ、雑誌、映画会社などは、ビジネスを拡大するためにインターネットをどのように使っているか
○銀行はビジネスを拡大するためにインターネットをどう利用しているか
○どんなホームページが、人々をネットワークしコミュニケートさせているか
○自分の作品が出版されるのが難しい時、どのようにして、それを発表するか
○大学のホームページは、どんな情報を提供し、どんなイメージを作り出しているか

人種差別サイトも題材に

また、インターネット上には、伝統的なニュース・メディアによるサイトから、極端に偏向した思想をもつ集団が手がける情報までが水平的に存在し、複雑で混沌とした世界を形成しているが、こうした状況を危険なものとして排除するのではなく、積極的に触れた上で、対処する能力を身につけることが大事だという。そのためアンダーセンは、学校教育ではタブーとされている人種差別グループの情報に対しても、積極的にアクセスして検討を加える。白人優越主義を掲げる秘密結社クー・クラックス・クラン（KKK）のホームページも授業の題材だ。こうした団体のページの分析ポイントとして、次のような点をあげている。

○特定の宗教や倫理観や政治観を持つグループはインターネットをどう活用しているか

○彼らの主張を伝えるために、どんな戦略がとられているか

○新メンバーをどう勧誘しているか

また、多様な情報を理解するために、海外の様々な情報源にも当たらせる。たとえば、コソボ紛争では、ホームページを通して現地の情報が世界中に送られたが、

○かつては、ニュースが伝える以外のものの見方がわからなかったが、インターネットによってそれが変わってきたか

○このような情報を発信する人々は、世論をどう動かそうとしているのか

○彼らは、一般に何をして欲しいのか。その試みは成功しているのか。それはなぜか
○インターネットは適切に使われているか
といった点を考えさせている。
また、シエラレオーネやメキシコの紛争については、
○なぜこうした戦争は主流メディアで伝えられないのか
○一般の理解を深め、衝突を和解させるために、ネット上ではどんな活動が行われているか
○ネット上の活動はうまく行っているか
などについて検討した。

ネットが映す世界とは

ホームページを経済的・社会的な側面から見てみることも、課題のひとつだ。紙の新聞を購入するのと違って、インターネットで「ニューヨークタイムズ」の記事を読むのは無料だが、そのかわり職業・年収などの個人データを登録しなければならない。こうした経済構造がジャーナリズムにどう影響してくるのか。また、洋服が試着できるホームページでは、試着にあたっては髪の毛や目の色、身体のサイズを登録しなければならないが、情報はマーケティング会社に高値で売られているといわれ、企業がホームページを訪れる人をどう位置づけているのかも考えさせている。

また、オンライン・ショッピングではクレジットカードによる決算がほとんどだが、こうした支払方法はカードを持てない人たちを排除することにつながらないか検討してみる。さらに、インターネットでは、様々なソフトウェアが無料でダウンロードできるが、こうした背景にあるソフトウェア・ビジネスの戦略についても考えてみる。

アンダーセンは、サイバースペースに映し出される世界は、「現実世界」からはほど遠いと見る。インターネットにアクセスできるのは、依然としてミドルクラス以上の男性が多く、英語など一部の言語による世界であるし、貧困層についてや、彼ら自身が発信する情報はネット上にはほとんど存在しない。さらに、地球上には電話をかけたこともない人が多数存在することや、テクノロジーへのアクセスや教育・資金を欠くために、情報発信さえおぼつかない人や団体の方がより多く存在することをつねに意識し、こうした人たちの意見や思想がインターネット上に存在しないからといって、「現実世界」にも存在しないとは限らないことをふまえた上で、サイバースペースが映し出す「世界」を考えてみることの重要性を説いている。

デジタルで写真合成が簡単に

デジタル・テクノロジーが映し出す世界について検討が必要なのは、何もインターネットだけに限らない。伝統的に「真実」を映し出すと言われてきた写真の世界にも、デジタル化が押し寄せ、写真が提示する「世界」も変化を遂げている。テクノロジーが進化するなか、コンピュータを使えば、写真の背景を変えることはもちろん、別々の写真を組み合わせて全く新しいイメージを作り上げることも、マウスをクリックするだけで簡単にできるようになった。しかも、技術が高度になるにつれ、それが継ぎ目なく合成されるため、手を加えたものだとはわからない。デジタル時代を迎えて、写真ジャーナリズムが揺さぶられているのだ。

アメリカの首都ワシントンDCを流れるポトマック川の対岸、アーリントンにある「ニュージアム」は、ニュースに対する理解を深めてもらうための世界初のニュース専門博物館である。運営するのは、全国紙「USAトゥディ」などを傘下に収めるガネット社のメディア財団だ。ニュージアムは、教育活動も盛んに行っているが、写真を取り巻く新しい状況を見据えて「百聞は一見にしかず？」というビデオとテキストからなる、中高生向けの学習教材を開発した。写真は、新聞・雑誌などをはじめ、我々が世界の出来事を理解する上で大きな役割を果たしているメディアだが、デジタル写真の加工技術に対する理解を把握し、デジタル時代の報道写真に対する理解を深めてもらうのが目的だ。

複雑化する「真実」

コンピュータによる写真の合成が広く一般に知られるようになったのは、一九八二年、世界各地を写真で紹介する「ナショナル・ジオグラフィック」誌が、エジプトの二つのピラミッドが雑誌の表紙に収まるようにコンピュータで「接近」させたことだった。その後、テクノロジーの進化も手伝って合成が顕著になるが、九四年には、妻とその友人を殺害した容疑で逮捕された黒人の元フットボール花形選手のO・J・シンプソンを表紙にあしらった「タイム」誌が、顔写真をコンピュータで黒くし、険悪なイメージを演出したことで、ジャーナリズムの倫理に反すると非難された。同年、オリンピックを前に敵対する女性スケーター二人が、あたかも同じリンクで滑っているように合成した写真が、「ニュースデイ」紙の表紙を飾った。多くの読者は、コンピュータによる合成だと気が付かず、この写真もジャーナリズムの倫理に反すると大きな議論を呼んだ。

教材ビデオには、アメリカを代表するメディアのフォトエディターたちが登場し、デジタル時代の加工写真の是非について持論を展開する。「こうした編集はアートであり問題ない」「起こっていないことを起こったようにするのはいけないが、そうでなければ手を加えてもよいのではないか」「ニュース写真は広告や芸術写真と異なり、手を加えずありのままのものでなければならない」などの見方が紹介されている。興味深いのは、いずれの「問題写真」も、手がけた側はたいした意図もなく作業を行っている点だ。シンプソンの顔を意図的に黒くしたのも、最初から険悪に見せるため、と明確に意識した上で行ったわけでなく無意識に行われていたという。それだけに、問題の根が深いという意見もあった。一方、あるフォトエディターは、作る側とそれを見る側には大きなギャップがあり、デジタル技術が理解されていなければ、写真は「本物」だと信じられ、誤解を招く恐れがあると語っている。

フォトエディターらのコメントのなかから、さらにいくつかをあげてみよう。
「雑誌の表紙は、ニュース性、売上げ、芸術面に関わるものであり、それだけに消費者にアピールする必要があるため、コンピュータで作り変えられることになる。一般読者は、それが本当のものなのか、芸術的幻想によるものなのか混乱してしまう」

ニュース博物館ニュージアムの教育センターで新聞の一面を作る生徒たち．写真編集者が講師を務める．

「コンピュータ・テクノロジーは、パワフルであり、写真を意味のあるものにするかもしれないが、ニュース写真とメディアの信頼性は守られなければならない」
「合成写真には、最初にまず何らかの見方があって、それに合うようにテクノロジーを使って写真を作りかえているような意図が見えるが、ドキュメンタリーあるいは記録としての写真は、それだけで十分パワフルなものだ。実際に起こったことの瞬間を切り取ったドキュメンタリー写真の重要性がなくなるとすれば、それはニュース組織の歴史に対する義務を果たす上でも問題だ」

ビデオの中で著名ジャーナリスト、アレックス・ジョーンズは、「ニュース写真は、言葉のように、編集し作り変えることができる」と語り、デジタル・テクノロジー以前の問題として、写真は一般的に「真実」を映し出したものだと考えられがちだが、実際には、カメラマンが被写体を決め、どんな角度から撮影するかなど、独自の解釈や判断に基づいた選択の末に出来上がったものだと説明する。もちろん、写真が映し出すのは、実在する場所や人、出来事などであることは確かだが、それはカメラマンの主観が投影されたものである。さらにそれを受け取った写真編集者は、多くのショットの中から、どの写真のどの部分を使うかを決め、キャプションで写真の意味づけをするなど、ここでも様々な取捨選択がされる。こうしたプロセスの学習は、これまでのメディア・リテラシーでも取り入れられてきたが、それに加えてデジタル時代の写真やイメージを理解することが必要になってきたというのだ。

興味深いのは、デジタル時代になって写真の加工が見えやすくなったことで、逆に写真はもともと「真実」そのものを表しているのではない、という古くて新しい写真の本質的な性格が語られていることだ。教材は、合成写真をどう読んでいけばよいかなど、具体例がないのが物足りないが、デジタル時代を迎え、様々な思いを胸に仕事に取り組むフォトエディターの肉声を聞き、それを通じて写真というメディアと「真実」について再検討してみる格好の機会を与えてくれる。

3　マルチメディア制作でリテラシーを育成

マルチメディア技術を活用して、従来のメディア・リテラシーを強化し、またインターネットなど新メディアを批判的に分析する試みが始まっている一方で、子ども達がマルチメディアとより積極的に関わり、実践的な制作を通して新テクノロジーを主体的に理解する機会も増えてきた。第一章で紹介した「メディア研究上級レベル」でビデオ制作の授業を行っていたロンドンのウェンディ・ヒューイング先生のクラスでは、テクノロジーに明るく、ポップカルチャーにも精通している先生の幅広い守備範囲を活かして、ミュージックビデオを作ったり、音楽のイメージに合わせてビデオカバーをデザインするなど、マルチメディアによる制作を積極的に取り入れている。映像に対する理解を深めるためには、実際ビデオ撮影してみることが効果的だったように、マルチメディアを理解するためには、分析だけでなく生徒自身がコンテンツを制作することが大切だ。先生が、前年受け持った生徒たちが制作したというミュージックビデオを私に見せようと、ビデオの再生を始めると「なかなか、かっこいいじゃん」と、教室に散らばっていた生徒たちがモニターの前に寄ってきた。

ミュージックビデオを制作

ミュージックビデオの制作は、音楽という言語をビジュアルでいかに表現するのかということが課題だ。生徒たちは、まずは絵コンテを作ってから撮影に入り、グラフィックスを考えて、それをコンピュータ上で処理した。画面に登場する生徒たちの映像とグラフィックスが微妙にブレンドされ、デザインも凝っていて、たしかにかっこいい。テレビ・モニターに映し出される、オリジナリティ溢れる高校生の作品を見ていると、プロとアマの境界がぼやけ、生徒たちは文化を作るプレイヤーでもあることを実感させられる。授業では常にマーケットを念頭に置いて制作に挑む。それによって、常に受け手の存在を意識するとともに、ビデオが純粋な芸術ではなくビジネスとしての側面も持ち合わせていることを理解させるためだ。

生徒たちは、映画ビデオのカバーデザインも手がけている。制作にあたっては、ターゲットは誰か、どんな効果を狙ってどんな言葉やビジュアルを使うのか、などを考えながら作業を進めなければならない。「ビデオは、視聴適正年齢などの格付けが義務づけられていますから、レーティングの対象となる言葉使いや暴力表現に気を付けなければなりません。暴力表現に気を付けたり、ターゲットを考えることは現実世界でも非常に大切なことです。時にはそのために芸術的な表現を妥協しなければならないことが出てくることも理解できるでしょう」とヒューイング先生は言う。

学校の技術担当ミッキー・マニアノフによれば、この高校の設備は平均よりやや恵まれている方だという。一九九八年のBFIの調査によれば、コンピュータとプリンターが揃っている学校は九四%で、ビデオカメラが八七%、CD-ROMドライブが八四%、デスクトップ・パブリッシングのソフトは六一%、インターネットの接続は六〇%だという。三階の編集室を訪ねたが、広々とした部屋には、ビデオ編集のソフトウェアを搭載したマッキントッシュが一二台置かれてあった。思ったよりも少なく驚いたが、「ひとクラス二十数名だから、授業では二人に一台。これだけあれば大丈夫ですよ」とマニアノフ。「子ども達はあっという間に使い方を覚えますから楽ですよ。コンピュータ・グラフィックスもお手のものです」。

しかし、学校教育でマルチメディアを取り入れることには限界もある。ヒューイングのようにテクノロジーに強い教師はそう多くなく、全ての学校にマニアノフのような技術担当教師がいるわけでもない。さらに制作には多大な時間がかかる。ミュージックビデオもビデオカバーも、生徒自らの提案で放課後に残って作業を終らせたという。マルチメディアの授業が成り立つのは、生徒の情熱に支えられてのことだったのだ。それに加えて、学校教育はとかく保守的で、子ども達が学校外での遊びを通じて得た、メディア文化の消費者や作り手としての豊富な視点や経験を、授業に取り入れにくい性格がある。とりわけ、マルチメディアのような新しいメディアに対してはその傾向が強く、またテクノロジーを使いこなす必要があることから戸惑いを覚える教師も少なくない。写真、ビデオなど新しいタイプのメディアが登場するたびに、こうしたメディア制作に関する教育で大きな役割を担ってきたのは、実は公共教育の枠外にあるアート団体やコミュニティ活動だったというのである。

低所得家庭の子どもに最高の「学校」

ロンドンの「ウィークエンド・アート・カレッジ」(WAC)は、低所得者の子ども達がコンピュータに気軽にアクセスし、テクノロジーに親しめる場を提供し、さらに革新的なカリキュラムを提供する非公式のアート教育団体だ。市内の中心部にあるレスタースクエアから真北に向かって七つ目の地下鉄の駅から、地図を片手に歩くこと一〇分。倉庫を改造した、WACの建物が見えてきた。入口のベンチに腰を下ろしている仲間に「突撃インタビュー」しているのは、ビデオ制作のクラスの子ども達だ。中に入ってみると、校舎は古いながらも明るくモダンで開放的な雰囲気がある。廊下を行き交う生徒には、黒人の子どもが目立つ。誰もが生き生きとして、人なつっこい。身体に障害を持っていたり、車椅子の子どもも、授業に参加していた。WACは、その名が示す通り、週末だけ開校する学校だ。

「家庭の経済的事情で、コンピュータにアクセスできる子どもとできない子どものギャップは開くばかりです。我々の任務は、貧しい子ども達がメディア文化に親しめるよう支援をすることです」。メディア教育の研究家で、プログラム担当官ジュリアン・セフトン＝グリーンが説明する。最近の子どもは、学校外の遊びを通してコンピュータのスキルに磨きをかけるようになっているが、そうなると家庭でのコンピュータの有無によって、情報を使いこなす能力の差が出てくるという。今、盛んに論じられている、デジタル・ディバイド(情報格差)の問題である。セフトン＝グリーンは、まさにこのディバイドに挑戦しているのである。

WACのコースには、五歳から二五歳までを対象にしたビデオ、写真、ホームページ、コンピュータ・ゲームなどの制作クラスがある。授業は学校の単位にはならないが、低所得家庭の子どもがメディアに触れる絶好の機会とあって人気が高く、約四〇〇人の生徒がいるほか、六〇〇人の順番待ちという人気ぶりだ。授業料も格安で三時間の授業一回が約五〇〇円、奨学金の制度もあり、五歳以下の子どもには一回約一〇〇円のコンピュータ・クラスもある。革新的な試みも人気の秘密で、最近はインターネットを使ったラジオ放送も行っている。講師陣は「破格」で雇われた、現役で活躍するメディア・プロデューサーがほとんどだ。機材も最新のものが揃っているが、多くは寄贈品。「生徒たちの家庭は、決して経済的に恵まれているとは言えませんが、テクノロジーとスタッフに関しては彼らは最高のものに恵まれています」と、セフトン＝グリーンは胸を張る。通常の学校では決してできない、贅沢な授業が彼の誇りだ。

現役プロによる実践的授業

私は、その「贅沢な授業」を体験するために、まずは、「ミュージック・テクノロジーとプロダクション」のクラスに参加してみることにした。

「ちょっとベースの音が足りないかな？　もう一度やってみよう。ワン、トゥー、ワン、トゥー、スリー、フォー」。金髪の長い髪を後ろに束ねた男性インストラクターがこう言うと、リズミカルな音がオーディオ・ルームをいっぱいに満たした。教室に集まった生徒は全部で六人。コンピュータを使って、バイオリンやピアノの音を組み合わせたり、テンポを変えたりしながら、独自の音作りに挑戦している。講師のケビン・オズボーンは現役の音楽プロデューサーでWACの「卒業生」でもある。開校から二〇年、様々な人材がここから巣立っている。

音楽はティーンに大きな影響力を持つ「メディア」のひとつだ。かつてレコードが音楽を蓄積できるメディアとして登場した時には、音楽は生で聴くことにこそ意義があり、それを複製するとはとんでもない、と抵抗を示した音楽家も多かったというが、今は音楽は主に「複製」を楽しむものになっている。ここで生徒たちは、まさに「複製」される音楽が「作られる」プロセスを学習しているのだ。

「音楽がこれほど「編集」されて作られているなんて全然知らなかったから、ショックでしたよ」。生徒のひとりアストン・ウィルシェアは、授業を受けてから、音楽に対する考えがまるで変わったと言った。「今は音楽を聴いても、どうアレンジされているのかがとても気になりますね。自分ならこんなふうにするとか、しょっちゅう考えるようになりましたよ」。

ホールを挟んだ向いの教室では、撮影したてのビデオの編集作業が行われていた。七人の生徒の大半は、その日初めてコンピュータに触れる。教室に置かれてある最新のコンピュータは、期待と興奮で落ち着かない子ども達の視線をいっせいに浴びていた。ビデオ制作を教えて三年目の、ラファイエル・カニュースキー講師が言う。「私は学校でも教えていますが、ここの生徒は自分の意思で通ってくるからなのか、学ぶ意欲が旺盛で、教え甲斐がありますね。「もっといろいろ教えて」とか「もっと早く進めて」とか、文句を言われるほどなんですよ」と苦笑する。

WACには、ホームページの制作クラスもある。

授業では、まずホームページの色やグラフィックスがどう使われ、どんなタイプの情報がどのように提示されているのか、ユーザーになるべく長く止まってもらうためにどのような工夫がされているかなど、既存のホームページを細かく見ていく。その後、ホームページの構造やデザインを紙に書きだし、それを参考にして、実際にページを作っていく。車椅子でコンピュータ・ルームをくるくる回りながら、生徒たちにアドバイスしているのは、講師のスティーブン・オヘア。彼も現役のウェブ・デザイナーだ。

ゴーカートが大好きだという少年は、安全なゴーカートの乗り方や、けがをした場合の対処法、保険などの詳しい情報を載せたホームページを作っているところだった。遊園地のサイトをいろいろとチェックしてみたものの、ゴーカートの楽しさについては情報が多いのに、危険性については何の情報も提供されていないことに気がついたからだという。WACでは、メディア制作に主眼を置いているが、単にテクニックを教えるだけでなく、メディア・リテラシーについても合わせて教えている。そのために、この少年のように新たな視点からメディアを作っていこうという生徒が多いのだという。

ゲームでマルチメディア・リテラシーを育成

WACの目玉授業とも言えるのが、コンピュータ・ゲームの制作クラスだ。ゲームは、今や先進国を始めとした国々の子ども達の間で、確固たる地位を得ている。各国で学校を訪れるたびに「日本のイメージは?」と子ども達に聞いてみたが、アメリカでもイギリスでもカナダでも男女いずれの生徒からも「セガ、ニンテンドー、ソニー」という答えが返ってきて驚いた。(ポケモンと答えた子どもも中にはいたが……。)

ところが、こうした人気にもかかわらず、一般的にゲームに対する評価は極めて低く、メディア・リテラシーの研究者の間でも、真剣に考えることすらばかばかしいという風潮がある。また親たちからは、「現実感が乏しい子どもになる」「犯罪の温床になる」と批判され続けるばかりだ。かつて映画やテレビ番組がそうだったように、コンピュータ・ゲームは遊びでこそあれ、学習するような対象ではないとの考えが根強く、ゲームがメディア・リテラシーのテクストとして授業に取り入れられることもない。そのために、ゲーム文化は、学校教育から完全に切り離されてしまったところで存在しているのだ。

ところがWACは、こうした認識とは全く異なる視点からゲームにアプローチしている。コンピュータをただの遊び道具ととらえるのではなく、三次元画像やコンピュータ・グラフィックス、アニメーションを利用した、インタラクティブなマルチメディアとしての潜在能力に注目し、ゲームを建設的に批評し、かつ技術面での理解を深めた上で、実際にゲームをデザインするという授業を開設したのだ。それと同時に、ゲームと文化の関係についても検討していく。テクノロジーとメディア制作をメディア・リテラシー的な見地から研究するセフトン＝グリーンならではの発想だ。

授業は、子ども達がすでに身につけているゲームの知識をもとに、既存のゲームのルールや構成などを批評しながら、ゲームのインタラクティブ性、三次元のグラフィックスやコンピュータ・アニメーションなどバーチャルな空間のデザイン、キャラクターを始めとするストーリー展開などを理解した上で、実際の制作に取りかかる。それと平行して、ゲームと暴力の関係や、なぜゲームは少年犯罪のスケープゴートにされやすいか、なぜゲームは面白いのか、良い映画や良い本のように良いゲームはあるのか、あればその定義は何かなど、ゲームを様々な側面から考えていく。ゲームデザイナー、ゲーム評論家、マルチメディア・アーティストなど現場で活躍するプロもゲストで参加する豪華ぶりで、業界がどう機能しているのか、なぜ、どのようにゲームが作られ、今売られているようなフォーマットのゲームがなぜできたのかなどを、マーケットとゲームの関係から捉えたり、マーケティングやプロモーション戦略、パッケージ・デザインまで含めて極めて実践的なテーマについて生徒と語り合う。セフトン＝グリーンは、「業界の裏話や現実は、生徒の幻想をうち破り彼らをがっかりさせるかもしれないが、真にゲームを理解するためには非常に大切なことだ」と語る。

生徒の感想はどうだろう。

オルタナティブなゲームを作る

ゲームが大好きでクラスに通い始めたというヴィール・マレー（一五歳）は、

私が日本人だと知ると「将来はゲームデザイナーになりたいんだけど、セガにコネはない？」と聞いてくるほどのゲーム好きな少年だ。ここに通ってから、ゲームが前よりもさらに面白くなったと言い、授業でゲームについての知識が深まるにつれ、制作者の立場からゲームを見るようになった自分に驚いているという。実際に制作に関わってみることで、ゲームに対する考えも変わった。「ゲームはくだらないものだとよく言われるけど、実はものすごく奥が深いものだと思う。デザインしてみたら、創造性もいるし、頭がよくなくちゃいけないことがわかった。それにグループで作業を進めるから協調性も必要だし……。早く大学に行って、コンピュータ科学や数学についてきちんと学びたいと思うようになったんだ」と言う。「ゲームは子どもには良くないという人もいるけど」と聞いてみると、「一日中ゲームばかりやっていたり、あまりにも暴力的なものをやっているのは良くないと思うけど、気分転換でやる分には問題はないと思う。小さい子どもは、年齢にふさわしいものをやるべきだよ。それに毎日時間を決めてそれ以上はしない。僕もそうしているよ」とマレー。

一方、サリーナ・ハンター(二〇歳)は、大学でビジネスを専攻するが、コンピュータ・ビジネスやマーケティングに興味があるからと、WACに通っている。「大学でもこんな授業は、ありませんから」と彼女は言う。ハンターは、ゲームの筋書きがパターン化して、いつも男の子がヒーローで、女の子は助けを求めるというステレオタイプに飽き飽きしていると言い、暴力が多い点も気になるという。「私が作りたいのは、子どもが将来何になりたいかを考えるゲームなんです」。ハンターが考えたのは、大人の現実を職業別にシミュレーションするゲーム。子どもは大人になったら何になりたいか、とよく訊かれる割には、実際どんな職業の人がどんな仕事をしていて、出勤してから帰社するまで、どんなふうに一日を過ごしてい

「コンピュータ・ゲーム」のクラスを受講するサリーナ・ハンター．大人の世界をシミュレーションできるようなゲームを考案中．

るのか、どんな問題を抱え、それをどう解決していくのかなど、基本的なことさえさっぱり見当がつかない。ハンターは、ゲームを通してバーチャルにこうしたことを体験した上で、自分には何が向いているのかがわかれば、将来を考える上で役立つと考えたのだ。

「でも、それって売れるかしら」。意地の悪い質問をしてみた。

「そうなんですよね。調査の結果からもゲームは圧倒的に男の子がやることがわかっているので、どちらかというと女の子向けのこういうゲームは売るのが難しいんです。私はもう消費者の視点からゲームを、見れなくなったんです。キャラクターをどうするかとか、どんなストーリー展開にするかとか、考えるのが面白い。それで、このアイディアを思いついたんですけど、実際に売れるかどうかは自信がない。女の子をターゲットにした広告や、パッケージ・デザインにも凝ってみるとかマーケティングを工夫してみようと思います」

授業で作るゲームは、商品化することを想定して制作されている。そうすることで、純粋にゲームの良し悪しで評価されない市場の現実を理解し、制約がありながらも何ができるのかを考え、その中でどんなゲームが可能になるのかまでを突っ込んで理解するためだ。

「今はゲーム売場にいっても、何か参考になるものはないかなって、そればっかり考えて店内をうろついています」と言ってハンターは笑った。

メディア文化に活力

ゲーム業界にとっては、からくりを見破った子ども達は、ビジネスにマイナスの影響を与えないのだろうか。業界関係者とも上手く協力関係を築いているセフトン＝グリーンが言う。「メディアを批判的に理解した子どもは、洗練されたユーザーになり、新しいものを作りだす能力も身につけるようになる。それが業界に活力を与え、よりよいメディア文化の創造につながると思います。逆に言えば、メディア文化を成熟させるためには、そういうユーザーが必要なのです」。それは、ゲーム業界、ひいてはメディア産業にとってもプラスになるというのだ。

セフトン＝グリーンは、デジタル・テクノロジーの進化で若者が比較的容易にメディアを使って表現することができるようになったことで、これまでのようにエリートだけがマスメディアを支配するのではなく、若者自らが文化を創造することを可能にしたと言う。

歴史を振り返ってみれば、映画も今でこそ芸術としてみなされているが、メディアとして登場したばかりの頃は、「正統文化」として扱われていなかった。それを考えれば、ＷＡＣの子ども達の手によってゲームがメディアとしてさらに洗練され、芸術として受容される日が来るのかもしれない。

子ども達で活気づくＷＡＣを後にしながら、セフトン＝グリーンの言葉を思い出した。

「こういう学校の存在が、イギリスのメディア文化に活力を与えていると思います」

結びにかえて——取材ノートの余白から

今こうして振り返ってみると、本書をまとめるまでの五年間にわたって続けてきた取材活動は、まさに「メディア・リテラシー」を学ぶプロセスそのものだったように思う。

たとえば、インタビュー。取材の前には、先方が書いたものや、その人について書かれたものなどを徹底的に調べ上げ、新聞・雑誌・論文・資料などを片っ端から読みこなし、準備万端でのぞむ。この時点では、私は取材者であり、かつ「読者」でもある。それから、メディアを通して理解したことをもとに、実際に話を伺ってみると、メディアを通じて知り得たことは、その人のほんの一部を語っているだけで、二次情報はあまり役に立たないことがわかる。新聞・雑誌記事をもとに話をすすめても、「いやぁ、あの記事は単純化されて書かれていて困っているんですよ」とか「引用されているコメントは、私が意味したことと違うんですけどね」などと言われたことはしょっちゅうある。また、本人が執筆した本や論文でさえも、「本当は、あの論文には○○の要素をいれようと思ったんですけど、時間が足りなくて」とか「あの本は、自分でも失敗だと思っているんです。もっと違うふうに書けばよかった」などといった具合で、自分自身で書いた物さえ本人が必ずしも満足しているとは限らないのだ。そこで、あらかじめ用意した質問を大幅に修正しながら新たな質問を直接相手にぶつけて、突っこんで話を聞いていくと、今度は二次情報では知り得なかった話がどんどん飛び出し、まさにインタビューの醍醐味を味わうことができる。

ところが、今度はそれを原稿にするために「書き手」の側にまわると、また違ったメディアの現実に遭遇する。いくら取材を通して、たくさんの材料が揃ったとしても、それをいざ活字にしようとすると、スペースの制約や前後の文脈などから、集めた情報のほんの一部しか使うことができず、膨大な情報は私の中にはどんどん蓄積されて行くものの、全てを読者に伝えきれないジレンマが残る。オフィスでの一時間のインタビューが三行に、教室での二時間の取材がほんの数十行で終わってしまうのだ。

今、最後の章を書きながら、取材中に集めた本、資料、教材、ビデオテープ、取材ノート、カセットテープなどが詰まった約三〇個のダンボール箱をあらためて眺めながら、材料の取捨選択は適当だっただろうか、もっと違った描き方ができただろうか、構成を変えればもっとわかりやすくなったのだろうか、などと反芻するたびに、迷いからなかなか解放されない。

編集担当者からは、「〝時〟が経つにしたがい、どんな本も不足を感じるようになりますが、刊行された時点での到達点を正面から読者に提示することが、出版の意義」だと励まされ、またある友達は、「いくら事実であっても、そこに媒介者が入ると、どうしても構成されてしまう。ところが、それがないと、その事実さえもが永遠に語られることがない」と言って、背中を押してくれた。

本書を読み通していただいた方にはおわかりいただけると思うが、この本は限られた時間とスペースの中で、私なりにベストを尽くして取材・執筆したものであっても、ここで語られているのは、あくまでも私という「個人のフィルター」を通して「再構成」された「メディア・リテラシー」でしかない。私の望みは、メディア・リテラシーをテーマにしているこの本が、このままで「完成品」として受け取られるのではなく、読者によってクリティカル(批判的)に読まれ、皆さんの多様な視点から検討を加えられることで、それが私にもフィードバックされ、そして、「メディア・リテラシー」が新たな息吹を得て、展開されることである。「知」を活性化させるためには、そうしたインタラクションが必要であり、そのためにはメディア・リテラシーが多くの役割を果たしてくれるのではないかと思う。

＊　＊　＊

本書の調査・取材にあたっては、約一〇〇名の方々がインタビューに応じてくださいました(肩書きは全て当時のものを使用)。ここに、全員のお名前を挙げることはできませんが、皆さんのご協力にあらためて感謝いたします。なかでも、カナダ・メディア・リテラシー協会(AM

L）創設者のバリー・ダンカンさんは、複数回にわたる取材にも快く応じてくださっただけでなく、たび重なる私の質問に対しても、いつも丁寧に誠意をもって答えてくださいました。草の根運動からメディア・リテラシーを発展させたダンカンさんの、メディア・リテラシーに対する情熱からも、多くのことを学ばせていただきました。同じくAMLの中心メンバーであるニール・アンダーセンさんにも、たび重なる取材に協力していただき、多くを教えていただきました。本当にありがとうございました。また、米バブソン大学リネー・ホブズ教授は、メディア・リテラシーの夏期講習やワークショップなどに招待してくださるなど、積極的に取材に協力してくださいました。ここにあらためてお礼申し上げます。

取材先では、常に新しい発見がありましたが、特に教室や廊下などで授業の合間に様々なお話を聞かせてくださった生徒の皆さんにも深く感謝いたします。これまで、子どもの声に耳を傾けるチャンスはありませんでしたが、メディアを考えて行く上で最も大切なことを教えてくれたのは、こうした子ども達でした。全てのエピソードやコメントを紹介できないのは心残りですが、そのエッセンスは本書のあちこちにちりばめさせていただきました。

また、こうした広範囲の調査を可能にしてくださった、放送文化基金の助成に対しても心より感謝申し上げます。

なお、本書には一部、発表済みのものが含まれています。また、様々な制約からここに取り上げた三カ国以外について報告する余裕がありませんでした。メディア・リテラシーはカバーする範囲が広く、本書で取り上げ切れなかったものもありますが、こうしたテーマについては、いずれまた別に機会を設けて、レポートしていきたいと思っています。

＊　＊　＊

本書の執筆にあたっては、次の皆様から草稿に対して大変有益なアドバイスをいただきました。メディア全般に詳しく、元編集者の経験を持つ野島正宏さんは、核心を突く鋭い指摘をしてくださいました。宇治橋祐之さんは、テレビディレクターのお立場から、再三にわたって矛盾点を明示してくださり、示唆に富んだコメントを寄せてくださいました。また、小野田美都江さん、鶴野充茂さん、松本功さんからも、洞察に富んだお言葉をいただきました。この本の論旨が少しでも明快で、わかりやすいものになっているとすれば、こうした方々のお力によるものです。

その他にも、本書を執筆する上では、たくさんの方々のお力をお借りしています。ここで皆さんそれぞれに、ありがとうの言葉を贈りたいと思います。

それに加えて、私が創設メンバーとして立ち上げから参画している、東京大学大学院情報学環のMELL（メディア表現、学びとリテラシー）プロジェクトの水越伸さん、山内祐平さん、市川克美さん、林直哉さんにも、草稿に目を通していただき、大変的確で貴重なコメントをいただきました。お忙しいなか、本当にありがとうございました。なかでも水越さんからは、メディア・リテラシーという新しい分野の取材を進めて行く上で、有益なアドバイスをたくさんいただきました。力強い「サポーター」を得たことで、前向きな気持ちで取材に取り組むことができました。ここにあらためてお礼申し上げます。

最後になりましたが、本書の完成に向けて辛抱強く協力してくださいました、岩波書店の柿原寛さんと関係者の皆様に、深い感謝の気持ちを伝えたいと思います。ありがとうございました。また、これまでの取材・執筆を様々な形でバックアップしてくれた、両親と家族に心をこめて本書を贈りたいと思います。

今回の各国での取材を通して、メディア・リテラシーの可能性を再確認するとともに、様々な課題が残されていることも実感しました。今後、日本において、メディア・リテラシーをどのように発展させていくのかは、私の次のチャレンジでもありますが、MELLプロジェクトというメディア・リテラシー研究に格好の場を得て、これからも取材・研究活動を続けていきたいと思います。

この本が、メディアと私たちの豊かな関係を築きあげる上での、格好な「メディア」になることを願いつつ……。

二〇〇〇年夏

菅谷明子

主要参考文献

Alvarado, M. & Boyd-Barrette, O., *Media Education : An Introduction*, London: British Film Institute, 1992

Andersen, Neil, *Media Works*, Toronto: Oxford University Press, 1989

Aufderheid, P. & Firestone, C., *Media Literacy : A Report of the National Leadership Conference on Media Literacy*, Queenstown, MD: The Aspen Institute, 1993

Bagdikian, Ben H., *The Media Monopoly*, Beacon Press, Boston, 1992

Bazalgette, Cary (ed.), *Primary Media Education : A Curriculum Statement*, London: British Film Institute, 1989

Bazalgette Cary, *Proceedings of the 1992 UNESCO Conference on Media Education*, London & Paris: British Film Institute, CLEMI and UNESCO, 1993

Bogart, Leo, *Commercial Culture : The Media System and the Public Interest*, Oxford University Press, 1995

Bowker, Julian (ed.), *Secondary Media Education : A Curriculum Statement*, London: British Film Institute, 1991

Branson, G. & Stafford, R., *The Media Student's Book*, Routledge, 1996

Buckingham, David (ed.), *Watching Media Learning*, London: The Falmer Press, 1990

Buckingham, D. & Sefton-Green, J., *Cultural Studies Goes to School : Reading and Teaching Popular Media*, Taylor and Francis, 1994

Buckingham, D., Grahame, J. & Sefton-Green, J., *Making Media : Practical Production in Media Education*, London: English & Media Centre, 1995

Buckingham, David (ed.), *Teaching Popular Culture : Beyond Radical Pedagogy*, Taylor and Francis, 1997

Considine, D. & Haley, G., *Visual Messages : Integrating Imagery into Instruction. 2nd Edition*, Englewood, Teacher's Ideas Press, 1999

主要参考文献

Duncan, Barry et al., *Mass Media and Popular Culture, Version 2*, Toronto: Harcourt Brace, 1996

Fiske, John, *Television Culture*, London: Methuen, 1987（ジョン・フィスク『テレビジョンカルチャー』伊藤守他訳, 梓出版, 1991年）

Fiske, John, *Understanding Popular Culture*, Unwin Hyman, 1989

Fiske, John, *Media Matters: Everyday Culture and Political Change*, Minneapolis, MN: University of Minnesota Press, 1994

Gans, Herbert J., *Deciding What's News: A Study of CBS Evening News, NBC Nightly News, Newsweek and Time*, Vintage, 1980

Gilster, Paul, *Digital Literacy*, New York: John Wiley & Sons, 1997

Halberstam, David, *The Fifties*, Villard, 1993（デイビッド・ハルバースタム『ザ・フィフティーズ』金子宣子訳, 新潮社, 1997年）

Hall, S. & Whannel, P., *The Popular Arts*, Boston: Beacon Press, 1967

Hart, Andrew (ed.), *Teaching the Media: International Perspectives*, Lawrence Erlbaum Associates, 1998

Herman, E. & Chomsky, N., *Manufacturing Consent: The Political Economy of the Mass Media*, New York: Pantheon, 1988

Hodgkinson, A. W., *Screen Education: Teaching Critical Approach to Cinema and Television*, Paris: UNESCO, 1964

Kress, G., *Linguistic Processes in Sociocultural Practice*, Oxford, England; Oxford University Press, 1985

Kubey, Robert (ed.), *Media Literacy in the Information Age: Current Perspectives*, Transaction Publishers, 1997

Leavis, F. R. & Thompson, D., *Culture and Environment*, London: Chatto & Windus, 1933

Masterman, Len, *Teaching the Media*, Routledge, 1985

Masterman, L. & Mariet, F., *Media Education in 1990s Europe: A Teacher's Guide*, The Netherlands: Council of Europe Press and Croton; NY: Manhattan Publishing, 1994

McLuhan, Marshall, *Understanding Media: The Extensions of Man*. New York: McGraw-Hill, 1964（マーシャル・マクルーハン『メディア論 人間拡張の諸相』みすず書房, 1987年）

Morley, David, *The Nationwide Audience*, British Film Institute, 1980
Morley, David, *Family Television: Cultural Power and Domestic Leisure*, Routledge, 1988
Ontario Ministry of Education, *Media Literacy Resource Guide*, Toronto: Ontario Ministry of Education, 1989（『メディア・リテラシー』カナダ・オンタリオ州教育省編，FCT（市民のテレビの会）訳，リベルタ出版，1992年）
Postman, Neil, *Amusing Ourselves to Death: Public Discourse in the Age of Show Business*, New York: Viking, 1985
Postman, Neil, *Technopoly: The Surrender of Culture to Technology*, New York: Alfred A. Knop, 1992
Pungente, S. J., O'Malley, J. and M., *More Than Meets the Eye: Watching Television Watching Us*, McCelland & Stewart, Toronto, 1999
Schiller, Herbert, *Culture, Inc.*, New York: Oxford University Press, 1989
Sefton-Green, Julian (ed.), *Digital Diversions: Youth Culture in the Age of Multimedia*, UCL Press, 1998
Sefton-Green, Julian (ed.), *Young People, Creativity and New Technologies: The Challenge of Digital Arts*, Routledge, 1999
Silverblatt, A., *Media Literacy: Keys to Interpreting Media Messages*, Westport, CT: Greenwood Press, 1995
Silverblatt, A. & Eliceiri, E. M. E., *Dictionary of Media Literacy*, Westport, CT: Greenwood Press, 1997
Turkel, Sherry, *Life on the Screen: Identity in the Age of the Internet*, New York: Simon and Schuster, 1995
Tyner, Kathleen, *Literacy in a Digital World: Teaching and Learning in the Age of Information*, Lawrence Erlbaum Associates, 1998
Worsnop, Chris, *Screening Images*, Mississauga, Ontario: Wright Communications, 1995
Worsnop, Chris, *Assessing Media Work*, Mississauga, Ontario: Wright Communications, 1996

鈴木みどり編『メディア・リテラシーを学ぶ人のために』世界思想社，

1997年
玉木明『ニュース報道の言語学』洋泉社，1996年
津田正夫・平塚千尋編『パブリック・アクセス　市民が作るメディア』リベルタ出版，1998年
水越伸『デジタル・メディア社会』岩波書店，1999年
メディア・リテラシー研究会『メディア・リテラシー　メディアと市民をつなぐ回路』日本放送労働組合，1997年
吉見俊哉『メディア時代の文化社会学』新曜社，1994年
吉見俊哉，水越伸『メディア論』放送大学教育振興会，1997年
和田敦彦『読むということ』ひつじ書房，1997年

付・関連サイト

●メディア・リテラシー・オンラインプロジェクト（Media Literacy Online Project）
http://interact. uoregon. edu/MediaLit/HomePage

●メディア・アウエアネス・ネットワーク（Media Awareness Network）
http://www. media-awareness. ca/eng/sitemap. html

●チルドレンズ・エクスプレス（Children's Express）
http://www. cenews. org

菅谷明子

1963年 北海道に生まれる
カナダ留学などを経て，米ニュース雑誌『ニューズウィーク』の日本版スタッフとなる
1996年 ニューヨークのコロンビア大学大学院にて修士号取得(国際メディア，コミュニケーション専攻)．1997年在米ジャーナリストとして，メディアと公共空間，インターネットと市民社会などをテーマに取材・執筆活動を始める．2001年経済産業研究所(RIETI)研究員．東京大学，武蔵野美術大学，早稲田大学にて非常勤講師
現在ージャーナリスト，東京大学大学院博士課程(学際情報学専攻)「進化する図書館の会」運営委員，「ビジネス支援図書館推進協議会」副会長，東京大学大学院情報学環「MELL(メディア表現，学びとリテラシー)プロジェクト」プロジェクトリーダーなどもつとめる
著書ー『未来をつくる図書館』(岩波新書) ほか
email: akiko@media. mit. edu

メディア・リテラシー　　岩波新書(新赤版)680

2000年8月18日　第1刷発行
2013年10月25日　第17刷発行

著　者　菅谷明子《すがやあきこ》

発行者　岡本　厚

発行所　株式会社 岩波書店
〒101-8002 東京都千代田区一ツ橋 2-5-5
案内 03-5210-4000　販売部 03-5210-4111
http://www.iwanami.co.jp/

新書編集部 03-5210-4054
http://www.iwanamishinsho.com/

印刷製本・法令印刷　カバー・半七印刷

ISBN4-00-430680-9　　Printed in Japan

岩波新書新赤版一〇〇〇点に際して

ひとつの時代が終わったと言われて久しい。だが、その先にいかなる時代を展望するのか、私たちはその輪郭すら描きえていない。二〇世紀から持ち越した課題の多くは、未だ解決の緒を見つけることのできないままであり、二一世紀が新たに招きよせた問題も少なくない。グローバル資本主義の浸透、憎悪の連鎖、暴力の応酬——世界は混沌として深い不安の只中にある。

現代社会においては変化が常態となり、速さと新しさに絶対的な価値が与えられた。消費社会の深化と情報技術の革命は、種々の境界を無くし、人々の生活やコミュニケーションの様式を根底から変容させてきた。ライフスタイルは多様化し、一面では個人の生き方をそれぞれが選びとる時代が始まっている。同時に、新たな格差が生まれ、様々な次元での亀裂や分断が深まっている。社会や歴史に対する意識が揺らぎ、普遍的な理念に対する根本的な懐疑や、現実を変えることへの無力感がひそかに根を張りつつある。そして生きることに誰もが困難を覚える時代が到来している。

しかし、日常生活のそれぞれの場で、自由と民主主義を獲得し実践することを通じて、私たち自身がそうした閉塞を乗り超え、希望の時代の幕開けを告げてゆくことは不可能ではあるまい。そのために、いま求められていること——それは、個と個の間で開かれた対話を積み重ねながら、人間らしく生きることの条件について一人ひとりが粘り強く思考することではないか。その営みの糧となるものが、教養に外ならないと私たちは考える。歴史とは何か、よく生きるとはいかなることか、世界そして人間はどこへ向かうべきなのか——こうした根源的な問いとの格闘が、文化と知の厚みを作り出し、個人と社会を支える基盤としての教養となった。まさにそのような教養への道案内こそ、岩波新書が創刊以来、追求してきたことである。

岩波新書は、日中戦争下の一九三八年一一月に赤版として創刊された。創刊の辞は、道義の精神に則らない日本の行動を憂慮し、批判的精神と良心的行動の欠如を戒めつつ、現代人の現代的教養を刊行の目的とする、と謳っている。以後、青版、黄版、新赤版と装いを改めながら、合計二五〇〇点余りを世に問うてきた。そして、いままた新赤版が一〇〇〇点を迎えたのを機に、人間の理性と良心への信頼を再確認し、それに裏打ちされた文化を培っていく決意を込めて、新しい装丁のもとに再出発したいと思う。一冊一冊から吹き出す新風が一人でも多くの読者の許に届くこと、そして希望ある時代への想像力を豊かにかき立てることを切に願う。

（二〇〇六年四月）

言語

百年前の日本語　今野真二
女ことばと日本語　中村桃子
テレビの日本語　加藤昌男
日本語雑記帳　田中章夫
英語で話すヒント　小松達也
仏教漢語50話　興膳宏
漢語日暦　興膳宏
語感トレーニング　中村明
曲り角の日本語　水谷静夫
日本語の古典　山口仲美
日本語の歴史　山口仲美
日本語と時間　藤井貞和
ことばと思考　今井むつみ
漢文と東アジア　金文京
外国語学習の科学　白井恭弘
日本語の源流を求めて　大野晋
日本語の教室　大野晋
日本語練習帳　大野晋

日本語の起源〔新版〕　大野晋
日本語の文法を考える　大野晋
エスペラント　田中克彦
名前と人間　田中克彦
言語学とは何か　田中克彦
ことばと国家　田中克彦
英文の読み方　行方昭夫
漢字伝来　大島正二
漢字と中国人　大島正二
日本の漢字　笹原宏之
日本の英語教育　山田雄一郎
ことばの由来　堀井令以知
コミュニケーション力　齋藤孝
聖書でわかる英語表現　石黒マリーローズ
横書き登場　屋名池誠
言語の興亡　R・M・W・ディクソン　大角翠訳
中国現代ことば事情　丹藤佳紀
ことば散策　山田俊雄
ことばの履歴　山田俊雄

日本人はなぜ英語ができないか　鈴木孝夫
教養としての言語学　鈴木孝夫
日本語と外国語　鈴木孝夫
ことばと文化　鈴木孝夫
心にとどく英語　マーク・ピーターセン
日本人の英語　正・続　マーク・ピーターセン
翻訳と日本の近代　丸山真男　加藤周一
日本語ウォッチング　井上史雄
仕事文の書き方　高橋昭男
日本語はおもしろい　柴田武
日本の方言　柴田武
日本語〔新版〕上・下　金田一春彦
外国語上達法　千野栄一
記号論への招待　池上嘉彦
外国人とのコミュニケーション　J・V・ネウストプニー
翻訳語成立事情　柳父章
日本語はどう変わるか　樺島忠夫
言語と社会　ピーター・トラッドギル　土田滋訳

岩波新書より

漢　字　白　川　静
四字熟語ひとくち話　岩波書店辞典編集部編
ことわざの知恵　岩波書店辞典編集部編
ことばの道草　岩波書店辞典編集部編